EL «HECHO EXTRAORDINARIO»

MANUEL GARCÍA MORENTE

EL «HECHO
EXTRAORDINARIO»

Prólogo de
ANTONIO MILLÁN-PUELLES

Séptima edición

EDICIONES RIALP
MADRID

Séptima edición: septiembre de 2025

Preimpresión: www.produccioneditorial.com

ISBN (edición impresa): 978-84-321-7119-2
ISBN (edición digital): 978-84-321-4494-3
ISBN (edición bajo demanda): 978-84-321-7120-8
ISNI: 0000 0001 0725 313X
Depósito legal: M-11917-2025
Impreso en Safekat (Madrid)

ÍNDICE

PRÓLOGO

Con palabras perfectamente comprensibles por cualquier hombre culto, los cuatro escritos de García Morente que aquí aparecen por vez primera agrupados hablan, desde diversas perspectivas, de un mismo y único asunto: las relaciones que entre sí mantienen la razón y la fe.

Por supuesto, no es necesario ser filósofo para sentirse atraído por un asunto tan esencial y radical. Tampoco es indispensable la situación del creyente. Basta ser lo que se llama un hombre culto para no resignarse a la actitud de la fe, o de la antifé, «del carbonero». En cualquier caso, sea o no sea creyente, el lector de este libro va a encontrar en él unas ideas, tan inteligibles y diáfanas como equilibradas y profundas, sobre una de las cuestiones de máxima trascendencia en toda reflexión sobre el alcance del intelecto humano y sobre la posibilidad de su apertura a la Palabra divina.

Las ideas de Morente expuestas en este libro son el pensamiento de un filósofo que recobra la fe en uno de los momentos de más plena madurez de su razón. Ciertamente, fue la vida misma, la realidad de unos graves acontecimientos de su propio vivir, lo que impulsó a Morente a emprender el camino hacia una nueva actitud. En el escrito con que este libro se inicia pueden verse los datos que dan cabal testimonio de esos acontecimientos decisivos, contados todos ellos por Morente con la insuperable elocuencia de la más conmovedora sencillez.

Pero el testimonio de Morente no es un mero relato, si por tal cosa hubiésemos de entender una exposición pura y simplemente narrativa, en la que para nada interviniese la reflexión filosófica sobre los sucesos que se cuentan. Muy al contrario, todos esos sucesos —que de la mano de la Providencia le van llevando a recobrar la fe— provocan siempre en Morente un intenso diálogo filosófico con ellos: en resolución, con el mismo yo que los vive en calidad de intransferiblemente suyos y, por tanto, en una actitud que necesariamente había de ser filosófica en un hombre que era en verdad un filósofo, y no un simple erudito de la filosofía.

Vida y pensamiento filosófico se muestran sustancialmente unidos, ante todo, en ese impresionante documento que lleva por título «El Hecho Extraordinario». En él somete Morente a una inexorable criba racional las ideas y las emociones que en su ánimo van surgiendo a lo largo de una de las más densas fases de su vida, sin excluir la culminación de todo ello en la presencia de Cristo independientemente ele toda clase de sensaciones corpóreas: en una forma puramente espiritual. («Allí estaba Él. Yo no lo veía, yo no lo oía, yo no lo tocaba. Pero Él estaba allí»).

Los otros escritos de Morente recopilados en este libro —«La razón y la fe en santo Tomás de Aquino», «El espíritu científico y la fe religiosa» y «Análisis ontológico de la fe»— ya están pensados desde la vivencia de la fe cristiana recobrada y tras haber recibido no solo lo que llama el propio Morente su «segunda Primera Comunión», sino también la ordenación de sacerdote.

De ese Morente tuve yo la fortuna de ser alumno en la entonces única Universidad de Madrid. Y en él pude percibir, ejemplarmente vividas en sus lecciones, tanto la distinción como la armonía de la razón filosófica y de la fe del cristiano. No confundía ni entremezclaba Morente las dos cosas, tan profundamente unidas, sin embargo, en la intimidad de su espíritu. De todo lo cual dan muestras bien elocuentes esos otros escritos que aquí acompañan al que relata el Hecho Extraordinario. Ahora, al releerlos, me he vuelto a sentir en clase, bajo el efecto de la palabra exacta y nítida de aquel hombre, realmente excepcional, que siempre seguirá siendo para mí el modelo vivo del intelectual cristiano en las aulas universitarias.

Yo estoy seguro de que los lectores de este libro recibirán las enseñanzas de Morente con toda la virtualidad que ellas poseen para dejar bien claro que la razón y la fe, sin oponerse ni identificarse, son luces que se complementan y articulan en la suprema unidad de la Verdad. Tal es, en definitiva, la más alta y esencial de las lecciones que estos escritos de Morente encierran.

Antonio Millán-Puelles

I.
EL «HECHO EXTRAORDINARIO»

Carta de don Manuel García Morente dirigida, en septiembre de 1940, al doctor don José María García Lahiguera, y hecha pública después de su muerte.

El hecho ocurrió en la noche del 29 al 30 de abril de 1937, aproximadamente a las dos de la madrugada. Permítame usted que a su narración circunstanciada anteponga algunos pormenores, cuyo previo conocimiento me parece necesario o al menos muy conveniente.

El 28 de agosto de 1936 fue asesinado mi yerno en Toledo. Yo sentía por mi yerno un gran cariño, mezclado con algo así como respeto y admiración. Era un joven de veintinueve años, digno de amor por todos conceptos. Su conducta moral había sido siempre ejemplar. No creo equivocarme al afirmar que había llegado al matrimonio en perfecto estado de pureza. Su vida personal también había sido siempre de acendrada religiosidad. Pertenecía a la Adoración Nocturna. Acaso esta circunstancia no haya sido totalmente ajena a su desgraciada muerte. Con eso, su carácter era alegre, jovial, optimista, muy juvenil y aun aniñado en ciertas cosas. Amaba las matemáticas —en las que era realmente muy versado— y el deporte. Su presencia física era más que medianamente agradable. Era lo que se dice un chico guapo. Y en su carrera de ingeniero de montes y luego de ingeniero geógrafo, iba caminando hacia un porvenir muy halagüeño. Sin duda alguna habría llegado a hacerse una excelente posición. Yo estaba realmente encantado con él. Ya me había dado una nietecita monísima, y poco antes —dos meses— de su muerte nació el nieto. Recibí la noticia de su muerte estando yo en la Universidad, en el acto de entregar el decanato —del que fui destituido por el Gobierno rojo— a mi sucesor, señor Besteiro. De mi casa, por teléfono, me comunicaron el fallecimiento de mi yerno. Yo comprendí en seguida que había sido asesinado. Y la impresión que la noticia me produjo fue tal, que caí desvanecido al suelo. Cuando volví en mí, pedí al señor Besteiro que interpusiera toda su influencia para lograr el rápido y seguro traslado de mi hija y nietos de Toledo a Madrid.

En efecto, el señor Besteiro, muy noblemente, consiguió que un vehículo oficial, con escolta de dos guardias, fuera a recoger a mi hija y nietos. Dos días después, a las once de la noche, llegaban estos a Madrid. Nosotros, en casa, esperábamos desde las ocho su llegada. Fueron tres horas de angustias mortales. Por mi imaginación desfilaban ya toda suerte de cuadros trágicos; veía a mi hija también asesinada, a mis nietos arrebatados por manos hostiles o indiferentes, conducidos a sabe Dios qué campamentos o asilos infantiles, perdidos en vida para siempre. La angustia de la espera me oprimía y nos agarrotaba a todos en casa. Por fin, a las once de la noche, llegó el vehículo y en él mi hija, mis nietos y dos sirvientas, todos en buena salud.

Si le refiero a usted estos nimios detalles, es porque me parecen útiles para el conocimiento del estado de espíritu que se iba apoderando de mí. Mi sensibilidad, que de suyo es sutil y excitable, se exacerbaba por momentos. La tragedia de mi pobre hija, viuda a los veintidós años, con dos hijitos, a los dos años de matrimonio, trastornó por completo mi pensamiento, mi sentimiento, mi vida entera. Sobre mis hombros caía de nuevo el montón de las preocupaciones propias de un padre. ¡Y en qué momentos! Cuando la vida, la hacienda, la honra, indefensas, hallábanse a la merced de cualquier malvado o malintencionado que quisiera pisotearlas. En mi casa reinaba el silencio trágico de la angustia y el terror. Yo no salía en absoluto a la calle. Nadie de casa salía, sino lo indispensable para las necesidades de la vida.

Un día, los milicianos vinieron a llevarse al hijo mayor de nuestros vecinos de piso. El pobre muchacho fue a la cárcel, y más tarde lo asesinaron en Paracuellos. Otro día, sistemáticamente, quemamos en la caldera de la calefacción toda la documentación y correspondencia que yo guardaba del año en que desempeñé la Subsecretaría de Instrucción pública en el Gobierno del general Berenguer. Al día siguiente —fue providencial— vinieron a registrar mi casa. El día entero nos lo pasábamos atisbando, detrás de las persianas echadas, todos los coches que se detenían en la puerta de la casa. Con el corazón encogido contábamos los escalones que subían los asesinos, y cuando habían pasado nuestro piso lanzábamos un suspiro de satisfacción. ¡La muerte iba a otra casa! Mis hijas, mi cuñada, mi tía, la antigua sirvienta que tenemos desde hace veintiséis años, reuníanse en un rincón de la casa y se estaban horas y horas rezando. Yo entonces no podía, y acaso no sabía, rezar. Pero no sé qué ímpetu interior me empujaba a aprobar y agradecer aquella tierna y sumisa fe de las buenas mujeres.

En esta situación, el 26 de septiembre, al mes escaso del asesinato de mi yerno, recibí por la mañana temprano el aviso confidencialísimo de que urgía me ausentara de casa y, si era posible, de España, pues se había acordado por ciertos elementos descontentos de mi gestión en el decanato de la Facultad de Filosofía y Letras darme la muerte, como era usual entonces. Obedecí prudentemente el aviso y consejo. Pude obtener un salvoconducto por medio de un ministro que era amigo mío, y con el pasaporte, aún válido, que me había servido para ir a Poitiers a primeros de julio, salí para Barcelona y Francia. En Barcelona pasé un susto enorme. Estuve a punto de ser detenido, habiéndoseme confundido con otra persona. Por fin salí de España y llegué a París el 2 de octubre. Tenía setenta y cinco francos en el bolsillo.

Repito que, aun a trueque de aburrirle a usted con nimiedades, es necesario el relato de antecedentes que acaso puedan contribuir a hacer plausible una explicación natural del hecho, que a mí me parece sobrenatural. Porque usted ha de tener en su poder todos los datos útiles para juzgar el caso, y el principal de ellos es el estado de ánimo en que iban poco a poco sumergiéndome los acontecimientos. A mí me parece firmísimamente que ese estado de ánimo no basta a dar cuenta por entero de ciertos aspectos y matices de lo que me aconteció, pero debo declarárselo a usted totalmente para que usted pueda juzgar con entero conocimiento.

Llegué, pues, a París sin dinero y con el alma transida de angustia y de dolor y además corroída por preocupaciones de índole moral. ¿Había hecho bien en abandonar mi casa y a mis hijas y ponerme egoístamente a salvo? Mas, por otra parte, si la confidencia por mí recibida era cierta —y no tenía motivo ninguno para dudar de ella y sí muchas razones para concederle entero crédito, ya que la persona que me la remitía era por todos conceptos digna de fe—, yo habría sido asesinado o por lo menos encerrado en prisión y puesto, por consiguiente, en situación de no poder auxiliar a mi gente y aun de serles más perjudicial y gravoso que en el destierro de París. Entre esas dos ideas oscilaba mi conciencia, que unas veces me acusaba de fugitivo, egoísta y cobarde, y otras veces me absolvía y aun me aplaudía de prudente y precavido. Y todavía hoy, cuando los hechos han demostrado con harta evidencia lo acertado que estuve en salir de Madrid, todavía, a veces, retrospectivamente, sorprendo en algún repliegue de mi alma cierto reproche de cobarde egoísmo cuando pienso en mi conducta de entonces, al salir precipitadamente de Madrid. ¿Qué le parece a usted?

En París, Dios me protegió lo suficientemente para no dejarme caer en las abyecciones de la total miseria, y, sin embargo, no tanto que borrase de mi alma la humillación, la angustia, la congoja. Un buenísimo amigo, español, que tenía —y tiene— un pisito en París, puso a mi disposición un cuarto con una cama y un armario. Una buenísima señora, francesa, viuda de un antiguo compañero mío de estudios de la Sorbona —muerto gloriosamente por su patria en 1914—, me brindó caritativamente la mesa de su hogar. Dormía, pues, y comía. No sin humillación, vergüenza y duelo, pero con honrado sentimiento de gratitud a mis bienhechores. En casa de mi amigo don Ezequiel de Selgas pasaba, pues, las noches y las mañanas. Salía a comer y cenar a casa de madame Malovoy. Mas como el señor Selgas, que actuaba de correo secreto de París a Biarritz (entre don José Quiñones de León y el conde de los Andes), permanecía días y noches ausente de París, era frecuente el caso de tener que estar yo en el pisito de mi amigo durante días y noches enteros. He aquí otro detalle nimio, pero quizá importante. Porque esta soledad, sobre todo nocturna, hubo de influir también no poco en mi estado de ánimo.

Yo padezco bastante de insomnio. En épocas normales suelo combatirlo con métodos psicológicos, que la experiencia me ha mostrado eficaces: tales son, por ejemplo, repasar *in mente* teorías filosóficas, o físicas, o matemáticas, o problemas de ajedrez —a este juego fui, en mi juventud primera, sumamente aficionado, llegando en él a resultados que superaban la simple medianía—; en suma: series de ideas complicadas en las cuales no pongo yo ningún interés personal o afectivo. Pero estos medios, que suelo usar con fortuna para conciliar el sueño rebelde, me fallan cuando tengo en el alma alguna emoción profunda, tenaz, taladrante, porque claro está que no puedo emplearlos, puesto que el pensamiento y la imaginación se me van tras la preocupación afectiva y sentimental, que me embarga. Por eso, cuando verdaderamente me hallo bajo el peso de una honda preocupación, el insomnio en mí es casi irremediable, y solo la fatiga física, a muy altas horas y por poco tiempo, acaba por rendirme.

Pues bien, en París el insomnio fue el estado casi normal de mis noches tristísimas. Me las pasaba cavilando sobre si había hecho bien o mal en dejar a mis hijas y venirme a París, sobre cómo podría arreglármelas para ganar algún dinero y salir de la humillante situación en que me veía, sobre el modo de sacar de España a mis hijas y a mi familia, sobre la manera de hacerlas subsistir en el extranjero (yo, que vivía de limosna) si, al fin, lograba sacarlas de España. También a veces repasaba en la memoria todo el curso de mi vida: veía lo infundada que era la especie de satisfacción modorrosa en que sobre mí mismo había estado viviendo; percibía dolorosamente la incurable inquietud e inestabilidad espiritual en que de día en día había ido creciendo mi desasosiego.

En no pocas ocasiones tenía que saltar de la cama, incapaz de sufrir por más tiempo el insomnio en la inmovilidad del lecho, y recorría el piso, paseaba febril por la habitación, cogía un libro, que en seguida se me caía de las manos. Lo que más consuelo me daba era abrir las ventanas y, a pesar del frío, permanecer horas enteras contemplando desde ellas —último piso, octavo piso— la inmensa mole de París y en el fondo la masa de Montmartre y la luz de la torre Eiffel.

Había iniciado algunas gestiones, a la ventura, para sacar de España a mis hijas por medio de la Embajada de Inglaterra. Me fallaron. Inicié luego otras, por medio de la Cruz Roja internacional. Todavía no he tenido contestación a ellas. Y lo curioso es que estos fracasos no me impresionaban excesivamente, porque el infinito deseo de ver a los míos se templaba no poco por dos consideraciones: la primera, que recibía con regularidad carta de Madrid —por tercera persona interpuesta—, que me tranquilizaba sobre el estado de salud y de dinero de los míos, a quienes había dejado una cantidad no despreciable; y la segunda, que en la absoluta penuria económica de que yo sufría me aterraba la perspectiva de tener que subvenir sin un céntimo a las necesidades de ocho personas en París.

En esto, a fines de enero de 1937, un golpe de suerte modificó un tanto mi situación. Recibí una carta de la Editorial Garnier Fréres rogándome que me pasara por sus oficinas. Lleno de curiosidad y olfateando algún suceso favorable, me presenté en el despacho del señor Garnier. En efecto, el señor Garnier me propuso la confección de un diccionario francés-español y español-francés, en sustitución del anticuado y agotado de Salvá, que la casa había editado muchos años antes. Un amigo mío, editor catalán, que, como yo y tantos otros, estaba huido en París, había hablado a Garnier de mí como persona capaz de llevar a cabo el trabajo necesario. Acepté la proposición y las condiciones, pidiendo que me pagase por entregas mensuales de original. Me puse al trabajo febrilmente. Y me sentí mucho mejor y más consolado. Ya tenía, al menos, un antídoto diurno, algo con que llenar las horas del día. Las de la noche, por desgracia, no podían sustraerse así tan fácilmente de la garra del insomnio, de la preocupación, del desasosiego, de la inquietud moral y espiritual. A fines de febrero pude sentir la inmensa satisfacción de cobrar mil francos, fruto de mi trabajo, y corrí a compensar del mejor modo que pude a la buena señora que me daba de comer en su casa. No era gran cosa, pero lo bastante para remediar en algo el cruel sentimiento de humillación en que vivía desde hacía cinco meses.

Quince días después, o sea a mediados de marzo, otro golpe de teatro. Recibo un cablegrama de Buenos Aires, firmado por mi antiguo amigo el profesor Alberini, decano de la Facultad de Filosofía y Letras de Buenos Aires, en que me ofrece la cátedra de Filosofía en la Universidad de Tucumán (Argentina). Respuesta pagada. Medité cinco minutos y contesté aceptando, pero condicionando mi ida a la Argentina a la salida de mis hijas y nietos de España para que me acompañasen. Convencido de que la respuesta iba a ser afirmativa, me dediqué otra vez febrilmente —y ahora ya con toda mi alma— a buscar la manera de sacar de España a mi familia. ¿Qué hacer? ¿Cómo conseguir cosa tan difícil? En esta época, a mediados de marzo del 37, hubo veces que pasé hasta tres noches sin dormir ni un segundo y sin tener actividad alguna como derivativo del cruel insomnio; cuando más, lograba conciliar media hora o una hora de sueño a la extrema madrugada. Por mucho que pensaba, no encontraba la manera de enfocar útilmente el problema de sacar de España a mis hijas. ¿Cómo hacer? Justamente ahora, cuando el ofrecimiento argentino me daba resuelto el problema de mantener a mi familia fuera de España; justamente ahora, era cuando no veía luz alguna ni resquicio por donde iniciar la gestión.

Desesperábame, y hubo momento en que, exacerbándose de nuevo el doloroso escrúpulo moral de haber abandonado a los míos en Madrid, acometióme la idea —extrañísima en mí, que no era creyente— de que ese contraste entre la actual posibilidad de subvenir a las necesidades de los míos fuera de España y la imposibilidad contraria de conseguir su salida y reunión conmigo era un castigo de Dios por mi egoísmo y cobardía. La primera vez que la idea «castigo de Dios» rozó mi mente, fue cosa fugaz y transitoria, en la que no paré mientes. Pero por la noche la misma idea reapareció, y esta vez ya con claridad y persistencia tales, que hube de prestarles mayor atención. Pero fue para mirarla, por decirlo así, despectivamente y rechazarla con un movimiento de enojo, de orgullo intelectual y de soberbia humana. «No seas idiota», me dije a mí mismo. Y el pensamiento volcó sobre la pobre ideíta, humildilla y buena, un montón rápido de representaciones filosóficas, científicas, etcétera..., que la ahogaron en ciernes.

Pocas horas después me sucedió un acontecimiento por lo menos extraño. Iba yo con cierta frecuencia a la casa que habitaba en Auteuil don José Ortega y Gasset. Para ir allá tenía que tomar el Metro y descender en la estación de la Avenue Mozart, desde donde, a pie, iba por la rué de l'Assomption hasta la casa de mi buen amigo. Nunca había parado yo mientes en el nombre de esa calle ni en el porqué de ese nombre. Pero aquel día he aquí que al surgir por la escalera del Metro en la Avenue Mozart, asaltóme el recuerdo de mi buenísima esposa en el preciso instante en que, levantando la vista, claváronse mis ojos sobre la placa que decía: «Rué de l'Assomption». Agolpáronse entonces en mi mente una porción de recuerdos y de pensamientos. «Esta calle —pensé— se llama de la Asunción porque, sin duda, en ella está o estuvo el convento de la Asunción, en donde mi mujer se educó en Málaga. ¡Claro! ¡Como que la casa madre fue establecida en Auteuil! Y en Auteuil estoy. Luego por aquí debe de estar o debió de estar el primitivo convento de las monjas que educaron a mi buena esposa y a mis hijas. Vamos a ver». Y caminando despacio, me iba fijando en todos los edificios que veía. No tardé en descubrir el convento. Ahí está todavía. Un gran jardín de viejísimos árboles constituye el resto superviviente del inmenso parque convertido hoy en casas de renta. Durante buen rato contemplé la fachada del convento, actualmente casa de retiro y reposo para las señoras y madres enfermas. La calle que hace esquina al convento actual se llama «Rue Meilleret de Brou», que es el nombre de mundo de María Eugenia, fundadora de la Asunción. Muchísimas veces había yo pasado por allí en aquellos días y en aquellos meses, y *nunca* había *visto* en realidad ni la calle ni el convento ni nada de esto.

Llegué pensativo y preocupado a casa de don José Ortega y Gasset. Y he aquí que ese día encontré en la sala de don José a un catedrático de Madrid, que estaba allí de visita, y a quien yo conocía mucho y trataba con intimidad y cariño. Este señor no era ni es rojo. Pero tenía el pobre la desgracia enorme de tener a sus hijos —varones todos y ya mayores— divididos en la cuestión española. Uno de ellos estaba sirviendo como teniente de Ingenieros (voluntario) en el ejército de Franco. El otro, en cambio, médico, era secretario particular del doctor Negrín. Durante la conversación salió a relucir la proposición de que yo había recibido una cátedra de la Argentina, la respuesta que le había dado y el vivísimo deseo y aun necesidad que sentía de sacar a mi familia para llevármela conmigo a América. Entonces aquel señor catedrático dijo que su hijo, el secretario particular de Negrín, llegaba al día siguiente en avión de Valencia, que él le hablaría de mi deseo, que me proporcionaría alguna entrevista con el muchacho y que quizá se pudiera conseguir algo.

Yo me quedé pasmado. El conjunto de lo que me estaba sucediendo tenía caracteres verdaderamente extraños e incomprensibles. Alrededor de mí o, mejor dicho, sobre mí e independientemente de mí, se iba tejiendo, *sin la más mínima intervención de mi parte,* toda mi vida. La llamada de Garnier, el encargo del diccionario, el ofrecimiento de la cátedra argentina, este felicísimo encuentro con el padre de un secretario de Negrín, nada de eso había sido ni buscado, ni procurado, ni siquiera sospechado por mí. Yo permanecía pasivo por completo e ignorante de todo lo que *me sucedía.* Dijérase que algún poder incógnito, dueño absoluto del acontecer humano, arreglaba *sin mí* todo lo *mío.* Es más todo lo que yo hacía o intentaba por propia iniciativa salía mal y fracasaba; mis gestiones en la Embajada inglesa, con la Cruz Roja internacional, todos los esfuerzos que había hecho repetidas veces para encontrar trabajo en París, todo había fracasado lamentablemente. En cambio, caíanme como llovidos del cielo precisamente los acontecimientos que menos podía imaginar y en que mi personal iniciativa no tenía la menor parte. Tuve profunda y punzante la sensación de ser una miserable briznilla de paja empujada por un huracán omnipotente.

Por tercera vez la idea de la *Providencia* se clavó en mi mente. Por tercera vez, empero, la rechacé con terquedad y soberbia. Pero también con un vago sentimiento de angustia y de confusión. Era demasiado evidente que yo, por mí mismo, no podía nada, y que todo lo bueno y lo malo que me estaba sucediendo tenía su origen y propulsión en otro poder bien distinto y harto superior. Con todo, refugiábame en la idea cósmica del determinismo universal, y una vez que se me ocurrió tímidamente el pensamiento de *pedir*, de pedir a Dios, esto es, de rezar, de orar —que era, sin duda, la actitud más lógica y congruente con todo lo que me estaba sucediendo—, rechacélo también como necia puerilidad. ¡Qué demencia!

Me entrevisté, en efecto, con el hijo del catedrático, que llegó a París, de Valencia, en avión al día siguiente. Le expuse mi deseo. Le dije que Negrín me conocía bien. Le rogué que procurase la salida de mis hijas y nietos. Negrín no era entonces presidente del Consejo, sino ministro de Hacienda en el Gobierno de Largo Caballero. El hijo del catedrático me prometió hacer todo cuanto estuviera de su parte para satisfacer mis deseos. Quedé bien impresionado, lleno de optimismo y de esperanza. Escribí a mis hijas una carta muy meditada. Yo, muchas veces, les había recomendado que por nada del mundo salieran de Madrid en las expediciones más o menos forzosas que se hacían hacia Valencia. Me arrebataba la idea de esas carreteras bombardeadas, de esas evacuaciones en camionetas, entre milicianos y milicianas, al azar de cualquier encuentro malo. Pero ahora tenía que advertirles que su salida era cosa mía, hecha de acuerdo conmigo, y que cumplieran puntualmente todo cuanto les mandaran hacer de parte del hijo del catedrático. La carta, pues, que les escribí era delicada y difícil. La entendieron perfectamente, gracias a Dios.

Y, en efecto, el día 2 de abril recibí un telegrama de Valencia en que me anunciaban su llegada a la capital levantina. Dos días después recibí una carta en la que me comunicaban haber hecho felizmente en coche el viaje de Madrid a Valencia, y me referían su entrevista con Negrín, el cual las había recibido muy amablemente y les había prometido darles en breve el necesario pasaporte para venir a París. Yo nadaba en la alegría. Parecíame seguro que en pocos días iba a tener la dicha de abrazarlas. Ya tenía preparado el alojamiento. Un viejo amigo mío, compañero de estudios de la Sorbona y catedrático de la Universidad de Caen, había puesto a mi disposición el piso que tenía en París y que no ocupaba más que las vacaciones.

Aguardaba impaciente el telegrama comunicándome la llegada fija para tal día a tal hora. Pasaron tres días. «Serán —pensaba yo— las dificultades burocráticas». Recibí una carta de Valencia. En efecto, mis hijas me decían que las dificultades burocráticas entorpecían la cosa, pero que tenían promesa del Ministerio de la Gobernación de obtener el pasaporte el día siguiente. Una leve inquietud, una especie de presentimiento sombrío, que se alzó en mi alma, fue rápidamente ahogado por el frío razonamiento. No, no había que temer; puesto que les habían prometido darles el pasaporte, es que estaban dispuestos a dárselo; era, pues, solo cuestión de días. Me tranquilicé a mí mismo y volví, como normalmente, a poner toda mi confianza en la regularidad de los engranajes naturales y humanos. Pero pasaron otros tres días sin recibir el ansiado telegrama. Ya empezaba a inquietarme de nuevo. Y de nuevo recibí carta de Valencia. Y de nuevo me aseguraban mis hijas que tenían promesa firme de recibir el pasaporte, que en Gobernación había atasco de trabajo, que tuviera paciencia, etcétera... A la lectura de esta carta mordióme de nuevo en el corazón el diente de la duda, de la aprensión y la congoja. ¿Qué pasará? ¿Será que se están burlando de ellas en Valencia, entreteniéndolas con vanas promesas?

Derrumbóse otra vez en mi alma la confianza en la determinación natural de causas y efectos, y la inquietud profunda se apoderó otra vez de mí. No podía hacer nada. Lo que quiera que hubiese de acontecer, allá se fraguaba, lejos, sin la más mínima posibilidad de una acción eficaz por mi parte. Yo solo en París, desde el octavo piso de la casa del Boulevard Sérurier, estaba atenido a esperar, angustiado, el estallido de los hechos que se concertaban o desconcertaban ellos solos, por sí solos, encima de mi cabeza. Aquellas noches fueron atroces. «¿Qué está haciendo de mí —pensaba— Dios, la Providencia, la Naturaleza, el Cosmos, lo que sea?». La impotencia, la ignorancia, una noche sombría en derredor y nada, nada absolutamente, sino esperar la sentencia de los acontecimientos. ¡Esperar! ¿Y cómo esperar sin saber? ¿Qué esperanza es esa esperanza que no sabe lo que espera? Una esperanza que no sabe lo que espera es propiamente... la desesperación. Empezó a invadirme un sentimiento raro, una especie de depresión total, absoluta, de todo mi ser, una dejadez infinita, de la que salía, como por el estímulo de un latigazo interior, para precipitarme en estados de sobreexcitación febril.

Pasaron cuatro o cinco días sin noticia ninguna. Mi angustia, mi congoja parecía llegar al paroxismo. Estaba a veces como entontecido y entumecido, sin pensar literalmente en nada. Otras veces me lanzaba a la calle y caminaba hasta que me rindiera el cansancio. Pero esto era peor, porque llegaba a casa fatigadísimo y, sin embargo, me era imposible dormir. A lo sumo, se apoderaba de mí durante una hora o dos una especie de modorra, un semisueño inquieto que no me aprovechaba.

Hacia el 20 de abril recibí otra carta de Valencia que veladamente me daba a entender existían «algunas dificultades para el proyectado viaje». Esta noticia que confirmaba todas mis suposiciones, no añadía motivo nuevo de cavilación a los que ya laboraban en mi alma. Pero claro está que intensificó el estado de depresión en que se encontraba. Lo más característico acaso de ese estado era la sensación de «absoluta impotencia», de total pasividad, de no intervención en los engranajes de mi propia vida, y frente a ella se erguía rabiosa la voluntad soberbia, que no podía admitir el verse así anulada y reducida a la «impotencia absoluta». Ese desgarro interior, esa escisión entre la voluntad impotente, pero llena de quereres y voliciones efectivas, y frente a ella el curso implacable, pero incógnito, de los hechos; ese abismo entre un yo que quiere ser y una realidad que es lo que es, independientemente del yo volente, eso es lo que me torturaba hasta lo indecible.

Así transcurrió una semana más, sin noticias de Valencia. El 27 de abril recibí un telegrama que decía: «Imposible viaje. Dinos si regresamos Madrid o vamos Barcelona». Realizábase mi sospecha. El Gobierno negaba la salida a mis hijas. Aunque, precisamente por temida, era esta solución ya descontada, me produjo un efecto tremendo. Primero fue de rabia e indignación contra el Gobierno rojo. Me desaté en improperios interiores. No había duda de que los rojos conservaban a mi familiares como rehenes para mantenerme a mí mudo e inactivo. Contesté al telegrama aconsejando la marcha a Barcelona, en donde tenemos parientes muy próximos y queridos, en cuya compañía pensaba yo que mis hijas sobrellevarían mejor la situación tanto moral como materialmente.

Y en seguida me invadió una enorme depresión física e intelectual. Durante unas horas estuve como alelado, indiferente, incapaz de pensar en lo que me sucedía. Recuerdo muy bien que durante un buen rato, tendido en la cama, me entretuve en ir siguiendo con gran atención y curiosidad las evoluciones de una mosca (o lo que fuera) por el techo y la pared frontera. Poco a poco empezó de nuevo a aparecérseme con claros contornos la situación. Todas mis ilusiones se venían al suelo. Tendría que renunciar a la cátedra de América, renunciar también a recobrar a mis hijas y nietos, continuar en París la vida sombría de insomnio y preocupaciones. Sin duda, ganaba con el diccionario lo bastante para pagar mis gastos propios. Pero, persuadido de que la guerra iba a ser larga, veía el porvenir sumamente oscuro. ¿Y mis hijas? En Barcelona estarían quizá mejor que en Madrid, acompañadas de excelentes familiares y más protegidas. Pero ¿hasta cuándo? Porque ahora, habiéndoles ya negado el Gobierno la salida, sería inútil intentar otros medios, pues se veía bien claramente que el Gobierno *no quería* dejarlas salir de España. ¿Qué suerte correrían?

Todo el día 27 y su noche estuve dándole vueltas a estos pensamientos particulares: *mi* situación, *mis* hijas, *mi* casa de Madrid, *mi* porvenir inmediato o remoto, el de los *míos*. El 28 marchó mi amigo Selgas a Biarritz y quedé solo en el piso por unos días. Confieso que me gustó la idea de quedar solo. Me propuse paladear, por decirlo así, esa soledad. (Le advierto a usted que yo jamás he tenido miedo a la soledad; al contrario, siempre me ha gustado extraordinariamente; varias veces he escrito su elogio y siempre que puedo la aprovecho como fruición morosa, y en todo momento, y hoy mismo, y ahora mismo la anhelo indeciblemente). Telefoneé a madame Malovoy, avisándola que no iría a comer ni a cenar en varios días, y con cierto placer íntimo recorrí el piso para convencerme —pueril ocurrencia— de que efectivamente estaba solo.

En seguida se me ocurrió la idea de que era insensato dejar a la imaginación rienda suelta para que caminase sin rumbo ni orden por los pasos que las leyes naturales de la asociación psíquica tuviera a bien señalarle. Era, pues, preciso pensar ordenada y metódicamente, no al capricho momentáneo y como a salto de mata. De otra suerte, corría grave peligro de caer —¿quién sabe?— en verdadera perturbación mental. Así pues, empecé haciendo un repaso general de todo lo que había sucedido desde que comenzó la guerra y de lo más importante en que había meditado desde entonces. El resultado evidente de esta reflexión fue: desde que empezó la guerra yo no había intervenido ni poco ni mucho en mi propia vida, en la contextura real de los hechos de mi propia existencia. Mi vida, los hechos de mi vida, se habían hecho sin mí, sin mi intervención. En cierto sentido cabía decir que yo los había presenciado, pero de ningún modo causado. ¿Quién, pues, o qué o cuál era la causa de esa vida que, siendo la mía, no era mía? Porque lo curioso y extraño es que todos estos acontecimientos eran hechos de mi vida, esto es, míos; pero, por otra parte, no habían sido causados ni provocados ni siquiera sospechados por mí; esto es, no eran míos. Había aquí una contradicción evidente. Por un lado, mi vida me pertenece, puesto que constituye el contenido real histórico de mi ser en el tiempo. Pero, por otro lado, esa vida no me pertenece, no es, estrictamente hablando, mía, puesto que su contenido viene, en cada caso, producido y causado por algo ajeno a mi voluntad.

No encontraba yo a esta antinomia más que una solución: algo o alguien distinto de mí hace mi vida y *me la entrega*, me la atribuye, la adscribe a mi ser individual. El que algo o alguien distinto de mí haga mi vida, explica suficientemente el por qué mi vida, en cierto sentido, no es mía. Pero el que esa vida, hecha por otro, me sea como regalada o atribuida a mí, explica en cierto sentido el que yo la considere como mía. Solo así cabía deshacer la contradicción u oposición entre esa vida no mía porque otro la hizo, y, sin embargo, mía porque yo solo la vivo.

Pero, llegado a esta conclusión, se me plantearon dos nuevos problemas: Primero. ¿Quién es ese algo, distinto de mí, que hace mi vida en mí y me la regala? Segundo. ¿Y si yo no aceptara el regalo? ¿Y si yo no quisiera recibir como mía esa vida que yo no he hecho? ¿Es acto propiamente mío, acto libre, o necesidad metafísica? Ante la gravedad de estos dos problemas me quedé perplejo y como desconcertado.

(Me parece, don José María, que estoy abusando de su paciencia y bondad. ¿Abuso, en efecto? Me resta la esperanza de que su paciencia y bondad lleguen al extremo de seguir leyendo estas líneas. Si no fuera así, suspenda la lectura y rompa las cuartillas. Me parecerá muy justo y natural. Pero yo, por mi parte, no puedo ya ni detenerme ni abreviar más de lo que la gravedad del asunto me lo permita).

Una especie de tranquilidad espiritual sobrevino entonces en mi alma, porque advertí, con extraordinario gozo, que las preocupaciones que me agitaban habían salido de pronto del ámbito particular y egoísta y se habían entrado en el terreno general, universal y aun, si se quiere, metafísico. En realidad ya estaba pensando, no en mí, particularmente, sino en la vida humana en general, a través de mi caso particular. Esto, repito, me alegró muchísimo, porque siempre me ha repugnado un poco la actitud del egoísmo y solipsismo, y además me parece que no es buen método para resolver los problemas —incluso los más personales e íntimos— el mirarlos desde un punto de vista exclusivamente subjetivo. La verdad, aun la individual, es siempre por uno de sus lados verdad objetiva y general, y si se pierde de vista este aspecto objetivo y general, hay gran probabilidad de fallar en las determinaciones individuales y personales. Así pues, resolví establecer una especie de investigación metódica sobre los dos problemas que acababa de plantearme.

Y ordenadamente empecé por el primero: ¿Quién es ese algo distinto de mí que hace mi vida en mí y en la regala? Claro está que en seguida se me apareció en la mente la idea de Dios. Pero también en seguida debió de asomar en mis labios la sonrisa irónica de la soberbia intelectual. «Vamos —pensé—, Dios, si lo hay, no se cura de otra cosa que de ser. Dejémonos de puerilidades». Y, en efecto, realicé el acto interior de rechazar esas, que yo llamaba, puerilidades. Pero he aquí que las puerilidades insistían en quedarse y se negaban a ser rechazadas. Y sucedió una cosa estupenda, incomprensible para mí, a no ser por evidente auxilio de la gracia; y fue que, sin darme yo plena cuenta al principio, comencé a pensar con método estrictamente inverso del que generalmente solía emplear en estos temas.

En general, ante un problema filosófico o metafísico suelo yo proceder, en mi íntima indagación, abrazando cariñosamente la tesis que más me llena y satisface; y luego, oponiéndole adecuadas objeciones, que procuro resolver, rebatir, deshacer, siempre con el íntimo deseo de que, ante mi propia conciencia racional, prevalezca la primera tesis abrazada. Cuando alguna vez las objeciones y dificultades con que ataco dialécticamente la tesis preferida se revelan fuertes y decisivas y llegan racionalmente a deshacerla, desconsuélome sobremanera; y me cuesta cierto trabajo afectivo y sentimental el desprenderme de aquello que veo es erróneo, para abrazar lo que veo —con pena— ser verdadero. Hasta que, pasando cierto tiempo, entrego al fin mi corazón a la tesis evidentemente verdadera, y, entonces, igualmente me costaría dolorosa pena el prescindir de ella.

Pues bien, he aquí lo extraordinario de lo que me aconteció: que toda la carga sentimental, durante la discusión interna, fue a posarse, no sobre la tesis antiprovidencialista, que tomé por punto de partida, sino sobre las objeciones providencialistas que hube de oponerle en el movimiento dialéctico. En suma, obediente, por inercia del pasado, a la orden que la soberbia intelectual me dictaba de rechazar las «puerilidades», inicié, en efecto, la discusión íntima, formulando como punto de partida la tesis del determinismo natural por causas y efectos, o sea, por causas eficientes; pero en seguida advertí —y eso es lo estupendo y extraordinario— que mi corazón no estaba con la tesis, sino con las objeciones, y que las «puerilidades» eran de mi agrado más que las supuestas sapiencias de un estricto determinismo causal. Cada vez que descubría o rememoraba algún argumento en contra del determinismo natural, alegrábase mi corazón, que evidentemente estaba con las objeciones y en contra de la tesis.

Una objeción, sobre todo, me inundó de gozo: la de que esta vida mía, que yo no hago, sino que recibo, se compone de hechos *plenos de sentido*. Ahora bien, el mero determinismo natural —físico, histórico, psicológico— puede producir hechos, pero no hechos *llenos de sentido*, no esos hechos, como los de la vida, que son inteligibles e inteligentes, encaminados sabiamente a ciertos fines y efectos. Sería muy largo —y no es necesario— desenvolver todo esto como fuera debido. Basta decir que, al llegar la noche, había sufrido una pequeña crisis en mi dispositivo intelectual. Por una parte, la idea de una Providencia divina, que hace nuestra vida y nos la da y atribuye, estaba ya profundamente grabada en mi espíritu. Por otra parte, no podía concebir esa Providencia sino como supremamente inteligente, supremamente activa, fuente de vida, de mi vida y de toda vida, es decir, de todo complejo o sistema de hechos *plenos de sentido*.

Llegado a esa conclusión, experimenté un gran consuelo. Y me quedé estupefacto al considerarlo. ¿Cómo es posible —pensé— que la idea de esa Providencia sabia, poderosa, activa y ordenadora, pero que acaba de asestarme tan terrible golpe, me sea ahora de consuelo? No lo entendía bien. Pero el hecho era evidentísimo. El hecho era que me sentía más tranquilo, más sereno y reposado. (Mucho tiempo después, leyendo a san Agustín, he descubierto la verdadera clave del enigma en la frase «Inquieto está mi corazón hasta que en Ti descansa»). En aquel momento no pude hallar otra explicación sino la vulgar psicológica: que el alma, atenazada por la angustia de la ignorancia y la impotencia, empieza a consolarse con la idea de que «hay» una razón o causa explicativa, aunque todavía no sepa *cuál es* en concreto esa causa o razón. El solo pensamiento de que hay una providencia sabia bastó para tranquilizarme; aunque no comprendía ni veía la razón o causa concreta de la crueldad que esa misma Providencia practicaba conmigo, negándome el retorno de mis hijas.

La noche del 28 al 29 la pasé mejor de lo que esperaba. La especie de consuelo o tranquilidad, que la idea de la Providencia había proporcionado a mi ánimo, me sirvió de sedante. También es posible que una meditación tan continuada y larga, en la cual las preocupaciones estrictamente personales habían pasado, por decirlo así, a segundo plano, vencidas por consideraciones generales y metafísicas, contribuyera a aquietar un tanto los movimientos dolorosos del alma. El hecho es que descansé un par de horas con tranquilidad, y cuando desperté tuve la fuerza y serenidad bastantes para prepararme el desayuno. Recuerdo muy bien que intencionadamente cargué, quizá con exceso, la dosis de café, pues estaba decidido a proseguir, con calma y método lo más riguroso posible, mis reflexiones de tipo general. Estaba bien provisto de tabaco. Y debo decir a usted que también recuerdo que ese día 29 fumé desesperadamente, casi continuamente.

Acumulo estos detalles, acaso ridículos, porque se acerca el momento decisivo y deseo que tenga usted presentes todos los pormenores que pueda yo darle para que le ayuden a formar juicio. También le diré que a medio día salí a almorzar a un pequeño restaurante de obreros que había junto a mi casa; que comí bien y con apetito. Regresé en seguida a casa y tomé una taza de café, que también me hice muy cargado. En cambio, a la hora de cenar no me sentí con fuerzas ni ganas de salir a la calle. Había en casa unas latas de conservas. Cené unas galletas untadas de *foie-gras* y me tomé otra taza de café, también muy cargado, pero con un par de cucharadas de leche condensada. Ya le he dicho que casi no cesaba de fumar. Físicamente me encontraba muy bien; no sentía molestia corpórea de ninguna clase, y ni antes ni después del suceso se alteró en lo más mínimo este perfecto equilibrio físico de mi cuerpo.

Y ya que en este tema estamos de la parte física y corpórea, le diré a usted que yo nunca he padecido de trastornos nerviosos, salvo dos veces en mi vida; la una, en 1910 (tenía yo veinticuatro años), estando en Alemania; sentíme fatigado de esfuerzos intelectuales, y fui a pasar un verano a una islita del mar del Norte, llamada Amrun. Allí tuve un día un ataque de nervios, con pérdida de conocimiento, y el médico de la localidad diagnosticó epilepsia. El diagnóstico era verdaderamente falso, pues yo regresé en seguida a Berlín, asustado, y fui a consultar al doctor Lewandoswsky, que refutó cumplidamente el diagnóstico y atribuyó todo sin vacilar al estado de fatiga intelectual en que me hallaba. Quedóme durante unas semanas una ligera agorafobia, que en seguida desapareció. La segunda vez fue en 1914, pocas horas después del nacimiento de mi hija María Pepa. También me encontraba muy cansado física e intelectualmente, y además la tensión nerviosa que un parto largo de mi mujer había producido en mí fue sin duda la causa de que tuviera un ligerísimo ataque, que, desde luego, fue atribuido a la fatiga. Y desde entonces, efectivamente, no he vuelto a sentir nada.

Toda la mañana del 29 de abril estuve tranquilo, meditando o, mejor dicho, reflexionando sobre lo que tanto venía preocupándome intelectualmente. Poco a poco me fui afianzando en la idea providencialista y llegué a formulármela de modo claro y explícito. Pero todavía mi pensamiento y mi imaginación caminaban por vías puramente abstractas y metafísicas. Pensaba en Dios; pero siempre en el Dios del deísmo, en el Dios de la pura filosofía, en ese Dios intelectual en el que *se piensa*, pero al que no se reza. Dios humano, transcendente, inaccesible, puro ser lejanísimo, puro término de la mirada intelectual. Considerábalo en su providencia, sí, pero como un poder infinito con el cual el hombre no tiene más relación que la de una reverencia total, muda e inmóvil, esa «absoluta dependencia» con que Schleiermacher define el sentimiento religioso.

En este ambiente, y relativamente tranquilo, comencé a pensar que la única actitud congruente con esa Providencia impersonal era la simple resignación, el sometimiento completo, y me dispuse interiormente a verificarlo. Pero mis esfuerzos en este sentido resultaban ineficaces; una especie de sequedad se iba apoderando de mí, una tirantez interior, una frialdad o rigidez que poco a poco se fue convirtiendo en hostilidad, en encono, en retraimiento del alma, como ofendida de la actitud inaccesible en que ese Dios metafísico se había colocado ante mí. En mi alma se produjo una especie de protesta, y creo, Dios me perdone, que algo así como una blasfemia subió a mi mente. Creo que acusé de cruel, de indiferente, de burlona, de sarcástica esa Providencia que se complacía en zarandear mi vida, en traerla y llevarla a su antojo inexplicable, en darle y atribuirle acontecimientos y hechos que yo no quería, que yo repudiaba. ¿Qué puedo esperar —pensaba yo— de un Dios que así se complace en jugar conmigo, que me engolosina de esa manera con la inminente perspectiva de la felicidad, para hacerla desaparecer en el momento mismo en que iba yo a tenerla ya entre las manos? Si Dios es el que hace los hechos de la vida y los da y atribuye y regala al hombre, yo puedo, en cambio, rechazar el obsequio. Cierto que la vida no es mía, sino de Dios providente; pero por otro lado es mía, puesto que estos hechos me acontecen a mí, me los da Dios a mí. Ahora bien, yo puedo tomarlos o rechazarlos; y decididamente los rechazo, no los quiero; no me someto al destino que Dios quiere darme;

no quiero nada con Dios, con ese Dios inflexible, cruel, despiadado.

Fue una especie de furia, una como tempestad de ira alborotó mi alma; la rabia de la impotencia disconforme, de la libertad ineficaz. Me apareció claramente que solo una cosa era libre de hacer para mostrar mi oposición a esa Providencia, que se me antojaba inaccesible y hostil: quitarme la vida. Así, el estoico contemplaba en el suicidio el acto de suprema libertad humana.

Pero tan pronto como me di cuenta de la conclusión a que había llegado, me espanté de mí mismo. No por la idea del suicidio en sí, que ya en otras ocasiones había entrado en los ámbitos de mi conciencia, sino más bien por la absoluta ineficacia de un acto así, que a nada conducía, que nada resolvía y que todavía menos podía resolver el problema teórico, metafísico, en que estaba intentando orientarme. Y ese espanto era principalmente como miedo de haber sucumbido o estar sucumbiendo a alguna anormalidad mental. Seriamente me entró la preocupación de si no estaría empezando a desvariar.

En realidad, había llegado al fondo de un callejón sin salida. Me dije a mí mismo que era necesario volver atrás y repensar de nuevo todo ese proceso intelectual, que me había conducido a tan grotesca conclusión. Haciendo un esfuerzo enorme de voluntad, me impuse la obligación de tomar algún descanso, de procurarme algunas horas de tregua en el pensamiento. Se me ocurrió poner en marcha la radio para ayudarme a la distracción.

Estaban radiando música francesa: final de una sinfonía de César Frank; luego, al piano, la *Pavane pour une infante défunte,* de Ravel; luego, en orquesta, un trozo de Berlioz, intitulado *L'enfance de Jesus.* No puede usted imaginarse lo que es esto, si no lo conoce: algo exquisito, suavísimo, de una delicadeza y ternura tales, que nadie puede escucharlo con los ojos secos. Cantábalo un tenor magnífico, de voz dulce, aterciopelada, flexible y suave, que matizaba incomparablemente la melodía pura, ingenua, verdaderamente divina.

Cuando terminó, cerré la radio para no perturbar el estado de deliciosa paz en que esa música me había sumergido. Y por mi mente empezaron a desfilar —sin que yo pudiera oponerles resistencia— imágenes de la niñez de Nuestro Señor Jesucristo. Vile, en la imaginación, caminando de la mano de la Santísima Virgen, o sentado en un banquillo y mirando con grandes ojos atónitos a san José y a María. Seguí representándome otros períodos de la vida del Señor: el perdón que concede a la mujer adúltera, la Magdalena lavando y secando con sus cabellos los pies del Salvador, Jesús atado a la columna, el Cirineo ayudando al Señor a llevar la Cruz, las santas mujeres al pie de la Cruz. Y así, poco a poco, fuese agrandando en mi alma la visión de Cristo, de Cristo hombre, clavado en la Cruz, en una eminencia dominando un paisaje de inmensidad, una infinita llanura pululante de hombres, mujeres, niños, sobre los cuales se extendían los brazos de Nuestro Señor Crucificado. Y los brazos de Cristo crecían, crecían, y parecían abrazar a toda aquella humanidad doliente y cubrirla con la inmensidad de su amor; y la Cruz subía, hasta el Cielo y llenaba el ámbito todo y tras de ella también subían muchos, muchos hombres y mujeres y niños; subían todos, ninguno se quedaba atrás; solo yo, clavado en el suelo, veía desaparecer en lo alto a Cristo, rodeado por el enjambre inacabable de los que subían con él; solo yo me veía a mí mismo, en aquel paisaje ya desierto, arrodillado y con los ojos puestos en lo alto y viendo desvanecerse los últimos resplandores de aquella gloria infinita, que se alejaba de mí.

No poca vergüenza y pudor tengo que vencer, don José María, para contarle a usted estas cosas. Confórtame la convicción absoluta de que las cuento a quien puede entenderlas y sabrá guardar de ellas la prudente reserva. Mas como todavía me quedan otras varias, y más grandes, que referirle, permítame que pida a Dios Nuestro Señor la merced de su asistencia, para que mi relato reproduzca lo mejor posible, lo más fielmente posible, la escueta verdad de los hechos que me acontecieron aquella noche.

No me cabe la menor duda que esta especie de visión no fue sino producto de la fantasía excitada por la dulce y penetrante música de Berlioz. Pero tuvo un efecto fulminante en mi alma. «Ese es Dios, ese es el verdadero Dios, Dios vivo; esa es la Providencia viva —me dije a mí mismo—. Ese es Dios, que entiende a los hombres, que vive con los hombres, que sufre con ellos, que los consuela, que les da aliento y les trae la salvación. Si

Dios no hubiera venido al mundo, si Dios no se hubiera hecho carne de hombre en el mundo, el hombre no tendría salvación, porque entre Dios y el hombre habría siempre una distancia infinita que jamás podría el hombre franquear. Yo lo había experimentado por mí mismo hacía pocas horas. Yo había querido con toda sinceridad y devoción abrazarme a Dios, a la Providencia de Dios; yo había querido entregarme a esa Providencia, que hace y deshace la vida de los hombres. ¿Y qué me había sucedido? Pues que la distancia entre mi pobre humanidad y ese Dios teórico de la filosofía, me había resultado infranqueable. Demasiado lejos, demasiado ajeno, demasiado abstracto, demasiado geométrico e inhumano. Pero Cristo, pero Dios hecho hombre, Cristo sufriendo como yo, más que yo, muchísimo más que yo, a ese sí que lo entiendo y ese sí que me entiende. A ese sí que puedo entregarle filialmente mi voluntad entera, tras de la vida. A ese sí que puedo pedirle, porque sé de cierto que sabe lo que es pedir y sé de cierto que da y dará siempre, puesto que se ha dado entero a nosotros los hombres. ¡A rezar, a rezar! Y puesto de rodillas empecé a balbucir el Padrenuestro. Y ¡horror!, don José María, ¡se me había olvidado!».

Permanecí de rodillas un gran rato, ofreciéndome mentalmente a Nuestro Señor Jesucristo con las palabras que se me ocurrían buenamente. Recordé mi niñez; recordé a mi madre, a quien perdí cuando yo contaba nueve años de edad; me representé claramente su cara, el regazo en que me recostaba, estando de rodillas para rezar con ella; lentamente, con paciencia, fui recordando trozos del Padrenuestro; algunos se me ocurrieron en francés, pero al traducirlos restituí fielmente el texto español. Al cabo de una hora de esfuerzos, logré restablecer íntegro el texto sagrado y lo escribí en un librito de notas. También pude restablecer el Avemaría. Pero de aquí no pude pasar. El Credo se me resistió por completo, así como la Salve y el Señor mío Jesucristo. Tuve que contentarme con el Padrenuestro —que leía en mi papel—, no atreviéndome a fiar en un recuerdo tan difícilmente restaurado, y el Avemaría, que repetí innumerables veces, hasta que las dos oraciones se me quedaron ya perfectamente grabadas en la memoria.

Una inmensa paz se había adueñado de mi alma. Es verdaderamente extraordinario e incomprensible cómo una transformación tan profunda pueda verificarse en tan poco tiempo. ¿O es que la transformación se va verificando en subconsciencia desde mucho antes de darse uno cuenta de ella? En este caso, el darse cuenta sería simplemente el término final —único consciente— de una previa evolución subterránea e inconsciente.

Sea lo que fuere, el hecho es que me veía a mí mismo hecho otro hombre. ¡Qué exacta es la frase de san Pablo acerca de los dos hombres! Pero estaba aún como el caballo recién domado, todo tembloroso, todo indeciso, sin saber qué hacer y sin poder realmente hacer nada. ¿Ir a una iglesia? Ya era de noche y seguramente todos los templos estarían cerrados. ¿Buscar a un sacerdote? Pero no conocía yo a ninguno en París, y además una invencible vergüenza, un pudor insuperable me impedían hablar de estas cosas con nadie que no fuera el mismísimo Jesucristo.

Anduve por la habitación palpándome yo mismo los brazos, la cara, la cabeza. Recorrí todo el piso sin buscar nada, sin objeto ni propósito alguno. En la alcoba de Selgas me miré al espejo y estuve contemplándome durante largo rato. Me encontré distinto, muy distinto, aunque bien veía que era el mismo. Empecé a sentir una especie de desdoblamiento de la personalidad. Aquel del espejo era el otro, el de ayer, el de hace mil años; este, en cambio, este a quien consideraba dentro de mí, el nuevo, me parecía tan tierno, tan frágil, que el menor choque podía quebrarlo en mil pedazos. Volví a mi habitación. De pronto pensé en mis hijas. «¡Cuando se lo diga, qué emoción van a sentir!». Pero inmediatamente hice el propósito y tomé la resolución de no decirles nada por escrito. La sola idea de hablar con alguien de todo esto que me sucedía producíame un encogimiento irreprimible.

Me senté en un sillón delante de la ventana, por donde a través del cristal veía todo París, y en el fondo la masa oscura de Montmartre. ¡Mons Martyrum! Imágenes del cristianismo primitivo surcaron mi fantasía. ¡El circo romano, las fieras, los cristianos arrodillados en el redondel y dejándose despedazar heroicamente! ¡Qué hombres! La gracia de Dios les inundaba, les envolvía, les sostenía. Sí, sin duda; pero además ellos mismos recibían y aceptaban sumisamente esa gracia y todo cuanto Dios les enviaba. ¡Sumisamente y libremente! Porque bien claro sabían lo que hacían y lo que querían al querer conformarse con los que Dios quería en ellos.

Con este pensamiento me pareció haber llegado por fin a la solución más clara y neta del problema de la vida en mí y fuera de mí. La vida y los hechos de la vida, que Dios providente hace y produce, Dios también nos los da y atribuye. Pero nosotros los aceptamos, los recibimos *libremente,* y por eso son nuestros tanto como suyos. Son *suyos,* porque Él es su Autor, creador, distribuidor y provisor. Son *nuestros,* porque nosotros *libremente* los aceptamos de su mano. Ahí está el toque, ahí está la esencia de la Humanidad: aceptar a la vez sumisa y libremente. El acto más propio y verdaderamente humano es la aceptación libre de la voluntad de Dios. El animal acepta la voluntad de Dios porque, no siendo libre, no puede no aceptarla. O, por mejor decir, no la acepta, sino que la recibe, se la encuentra encima sin haber pensado ni pensar en ello. Pero el hombre ha sido creado libre por Dios; es decir, que para realizar su propia esencia, para ser verdaderamente hombre libre, el hombre —yo en este caso particular— debe aceptar la voluntad de Dios con sumisión total y a la vez libremente. ¡Querer libremente lo que Dios quiera! He aquí el ápice supremo de la condición humana. «Hágase tu voluntad así en la tierra como en el cielo».

Y postrado de rodillas, perdida la mirada en el lejano horizonte del caserío de París, recité con íntimo fervor una vez más el Padrenuestro, entregando libremente toda mi voluntad en las manos llagadas de Nuestro Señor Jesucristo.

En el relojito de pared sonaron las doce. La noche estaba serena y muy clara. En mi alma reinaba una paz extraordinaria. Me parece que debía de sonreír. Me senté de nuevo en el sillón y me puse a pensar lenta y reposadamente sobre mi nueva condición y el modo de vida que debía adoptar. ¡Como quien con sana alegría medita gozoso los preparativos de un anhelado viaje! «Lo primero que haré mañana será comprarme un libro devoto y algún buen manual de doctrina cristiana. Aprenderé las oraciones; me instruiré lo mejor que pueda en las verdades dogmáticas, procurando recibirlas con la inocencia del niño, es decir, sin discutirlas ni sopesarlas por ahora. Ya tendré tiempo de sobra, cuando mi fe sea sólida y robusta y esté por encima de toda vacilación, para reedificar mi castillo filosófico sobre nuevas bases. Compraré también los Santos Evangelios y una vida de Jesús. ¡Jesús, Jesús! ¡Bondad! ¡Misericordia! Una figura blanca, una sonrisa, un ademán de amor, de perdón, de universal ternura. ¡Jesús!».

Aquí hay un hueco en mis recuerdos tan minuciosos. Debí de quedarme dormido. Mi memoria recoge el hilo de los sucesos en el momento en que despertaba bajo la impresión de un sobresalto inexplicable. No puedo decir exactamente lo que sentía: miedo, angustia, aprensión, turbación, presentimiento de algo inmenso, formidable, inenarrable, que iba a suceder ya mismo, en el mismo momento, sin tardar. Me puse de pie, todo tembloroso, y abrí de par en par la ventana. Una bocanada de aire fresco me azotó el rostro.

Volví la cara hacia el interior de la habitación y me quedé petrificado. Allí estaba Él. Yo no lo veía, yo no lo oía, yo no lo tocaba. Pero Él estaba allí. En la habitación no había más luz que la de una lámpara eléctrica de esas diminutas, de una o dos bujías, en un rincón. Yo no veía nada, no oía nada, no tocaba nada. No tenía la menor sensación. Pero Él estaba allí. Yo permanecía inmóvil, agarrotado por la emoción. Y le percibía; percibía su presencia con la misma claridad con que percibo el papel en que estoy escribiendo y las letras —negro sobre blanco— que estoy trazando. Pero no tenía ninguna sensación ni en la vista, ni en el oído, ni en el tacto, ni en el olfato, ni en el gusto. Sin embargo, le percibía allí presente, con entera claridad. Y no podía caberme la menor duda de que era Él, puesto que le percibía, aunque sin sensaciones. ¿Cómo es esto posible? Yo no lo sé. Pero sé que Él estaba allí presente y que yo, sin ver, ni oír, ni oler, ni gustar, ni tocar nada, le percibía con absoluta e indubitable evidencia. Si se me demuestra que no era Él o que yo deliraba, podré no tener nada que contestar a la demostración, pero tan pronto como en mi memoria *se actualice* el recuerdo, resurgirá en mí la convicción inquebrantable de que era Él, porque lo he percibido.

No sé cuánto tiempo permanecí inmóvil y como hipnotizado ante su presencia. Sí sé que no me atrevía a moverme y que hubiera deseado que todo aquello —Él allí— durara eternamente, porque su presencia me inundaba de tal y tan íntimo gozo, que nada es comparable al deleite sobrehumano que yo sentía. Era como una suspensión de todo lo que en el cuerpo pesa y gravita, una sutileza tan delicada de toda mi materia, que dijérase no tenía corporeidad, como si yo todo hubiese sido transformado en un suspiro o céfiro o hálito. Era una caricia infinitamente suave, impalpable, incorpórea, que emanaba de Él y que me envolvía y me sustentaba en vilo, como la madre que tiene en sus brazos al niño. Pero sin ninguna sensación concreta de tacto.

¿Cómo terminó la estancia de Él allí? Tampoco lo sé. Terminó. En un instante desapareció. Una milésima de segundo antes estaba Él aún allí, y yo le percibía y me sentía inundado de ese gozo sobrehumano que he dicho. Una milésima de segundo después, ya Él no estaba allí, ya no había nadie en la habitación, ya estaba yo pesadamente gravitando sobre el suelo y sentía mis miembros y mi cuerpo sosteniéndose por el esfuerzo natural de los músculos.

¿Cuánto tiempo duró su presencia? Ya he dicho que no lo sé. Intentando retrospectivamente computarlo, hice el siguiente cálculo. Debí de quedarme dormido poco después del momento en que sonaron las doce en el relojito de pared. Suponiendo que durmiera un par de horas, mi despertar sobresaltado ante la inminencia del hecho debió de ocurrir hacia las dos de la madrugada. Cuando Él desapareció caí de nuevo en el sillón delante de la ventana abierta, y recuerdo perfectamente que frente a la casa, por la vía férrea —el boulevard Sérurier está en el extremo este de París— pasó un tren que *venía*. Unos días después fui sigilosamente a informarme de los trenes, y comprobé que a las tres y minutos de la madrugada llegaba a aquella estación un mercancías diariamente. Según esto, debió de durar su presencia poco más de una hora. Lo que se confirma, en cierto modo, por el recuerdo de haber oído yo, mucho más tarde, sonar las cuatro en el relojito de pared. Supongo, pues, que su presencia comenzó hacia las dos y terminó poco después de las tres de la madrugada. Pero estos cálculos pueden ser muy bien erróneos. Puede ser que yo haya dormido más de dos horas, y que su presencia haya empezado mucho después de las dos. Puede ser también que el tren haya pasado con retraso. Puede ser, por consiguiente, que Su presencia no haya durado más que minutos o incluso un brevísimo instante. No tengo sobre esto ninguna convicción firme.

Ahora permítame usted que de las infinitas reflexiones que yo mismo objetiva y serenamente he hecho sobre este acontecimiento, le comunique algunas que quizá puedan ayudar a usted a formar juicio.

La formulación psicológica del Hecho podría ser la siguiente: *una percepción sin sensaciones*. Sin duda, en buena ciencia psicológica, no se concibe bien que pueda existir percepción sin sensaciones. Las sensaciones no faltan nunca ni en la alucinación. Ello procede de que el acto de percibir una presencia o la presencia de un objeto es un acto del compuesto humano en donde necesariamente intervienen los órganos corpóreos sensoriales, los sentidos, y la alucinación es un funcionamiento subjetivo de todo el aparato psicofísico, aunque sin realidad objetiva alguna de lo representado como presente. Pero el Hecho por mí vivido se caracteriza por la total *ausencia* de sensaciones. Dijérase una percepción por el alma sola, sin auxilio del cuerpo condicionante. Y si a la tal percepción por sola el alma no quiere dársele el nombre de percepción, llámesele como se quiera; en todo caso el hecho es una intuición de presencia desprovista de toda condicionalidad corpórea (sensación).

Como el recuerdo del Hecho vivido por mí no se aparta de mi espíritu, y no ha habido día, desde que me aconteció, que no lo rememore y piense en Él, poco o mucho, no es extraño que en mis lecturas esté siempre atento a ver si encuentro descrito en alguna parte algo de lo que yo experimenté.

Hace poco tiempo leí un pasaje de santa Teresa en donde se describe algo parecido. Está en el capítulo XXVII de la Vida, y dice así: «Estando un día del glorioso san Pedro en oración, vi cabe mí, o sentí, por mejor decir, que con los ojos del cuerpo ni del alma no vi nada, mas parecíame estaba junto cabe mí Cristo y veía ser Él el que me hablaba, a mi parecer... Luego fui a mi confesor harto fatigada a decírselo. Preguntóme en qué forma le veía. Yo le dije que no le veía. Díjome que cómo sabía yo que era Cristo. Yo le dije que no sabía cómo, mas que no podía dejar de entender estaba cabe mí y lo veía claro y sentía...». Tenga usted en cuenta que la terminología de santa Teresa carece de rigor psicológico; ello explica la aparente contradicción en su texto, cuando dice que *no le veía* y pocas líneas después que *lo veía claro*. Porque cuando dice que no le veía, quiere decir que no tenía *sensación visual,* y cuando dice que *lo veía claro y sentía,* quiere decir que *lo percibía e intuía* sin sensaciones.

El hecho aquí descrito por la santa es, pues, justamente el que yo viví: una percepción sin sensaciones o —si me permite usted la fórmula audaz— una percepción puramente espiritual. Hay, sin embargo, diferencias profundas entre la vivencia tenida por la santa y la tenida por mí. A la santa, Nuestro Señor le *habla,* sin duda, con palabras también percibidas *sin* sensación auditiva. A mí, en cambio, no. A la santa acompáñale la presencia de Nuestro Señor largo tiempo, días y días, es decir, habitualmente —«parecíame andar siempre a mi lado Jesucristo»—. A mí, no. Fue solo un breve espacio de tiempo, quizá segundos, quizá minutos, quizá una hora, en la noche del 29 al 30 de abril de 1937. Y no ha vuelto a repetirse jamás. En cambio, mi vivencia tiene algo que no he visto descrito en la de la santa. En mi vivencia hay como un efecto producido en mí, en el sujeto, por la presencia del Señor, efecto de desgravitación, de aligeramiento, de volatilización; parecióme que me despojaba del cuerpo, que ya no tenía peso, que me convertía en soplo o que alguien me levantaba en vilo. De este efecto no encuentro nada en la descripción de la santa.

La santa, por último, intenta también una *interpretación* del estado que ha descrito, y encuentra para ello algunas fórmulas que me parecen muy afortunadas y exactas. Por ejemplo: «Porque parecer que es como una persona que está a oscuras, que no ve a otro que está cabe ella, o si es ciega, no ve bien. Alguna semejanza tiene, mas no mucha, porque siente con los sentidos o la oye hablar o menear o la toca. Acá (en el estado que la santa ha descrito) *no hay nada de esto ni se ve* oscuridad, sino que *se representa por una noticia al alma* más clara que el sol...».

Es perfecta la interpretación de la santa; efectivamente, se trata de una «noticia al alma», o, como antes decía yo, una percepción puramente espiritual, *sine corpore interposito*.

La posibilidad de semejantes hechos solo pueden negarla los psicólogos que estén aferrados a una interpretación puramente naturalista, humana, de los hechos místicos.

Pero una cosa es que el hecho sea en sí posible, y otra que efectiva y realmente haya yo experimentado la presencia de Nuestro Señor. Entienda usted bien lo que quiero decir. Es absolutamente cierto que yo he experimentado todo eso que he descrito. Es también, a mi parecer, absolutamente cierto que *en sí mismo puede* eso que he descrito ser una vivencia de Nuestro Señor presente. Ahora bien; esa posibilidad intrínseca ¿es efectivamente también extrínseca y real? En otros términos: aunque lo que a mí me sucedió puede, desde luego, *en cualquier persona en general* ser, en efecto, la percepción espiritual de Nuestro Señor presente, ¿pudo, empero, serlo en mí precisamente? He aquí el problema.

Yo no dudo un instante de que el Señor puede, si quiere, presentarse a un alma en esa manera incorpórea, sin sensaciones, sin cuerpo interpuesto sensible. Pero tengo muy fuertes razones para pensar que *a mí precisamente* no pudo querer Nuestro Señor hacerme esa insigne merced, porque ¿qué había hecho yo para merecerla? Nada. Había hecho mucho malo para no merecerla. Es decir, que no solo había en mí un estado *privativo* de méritos para la obtención de esa merced, sino un estado *negativo,* un estado *positivamente* malo.

Nadie mejor que yo —a no ser Nuestro Señor mismo, que todo lo sabe— sabe lo pecador, lo radicalmente perverso que soy en mi fondo natural. Toda la ira, toda la escala de los más abyectos pecados, había sido recorrida por mi alma. Con la agravante de una superestructura doctrinal o ideológica que los encubría bajo el manto mendaz de una ética natural, humana, más o menos filosófica y racional, rematada en una concepción absurda e impía de Dios y su Providencia. ¿Y a semejante tipo iba Dios Nuestro Señor a presentarse para derramar sobre él mercedes extraordinarias? No. No lo puedo creer.

Todavía, si hubiera precedido al Hecho una larga y continua serie de años pasados en penitencias y oración, en contrición perfecta, robustecida por los Santos Sacramentos, acaso fuera plausible que Nuestro Señor quisiera al fin conceder la limosna de una mirada benévola a su siervo fiel. Pero, así, de pronto, es de todo punto increíble. ¿Cómo? ¿Porque un alma perversa y apartada de Dios sienta una buena tarde algunos movimientillos de conversión, ya eso va a ser motivo suficiente para que, sin más ni más, Dios la regale con tanta merced? No puedo admitirlo. Yo me inclino resueltamente a pensar que, aunque lo que a mí me sucedió pueda ser en sí mismo vivencia de Nuestro Señor presente, no lo fue empero en mí, en mi caso particular y concreto. Luego lo que a mí me sucedió fue pura fantasía, pura imaginación, efecto de un estado patológico anormal de la subjetividad. O una ficción diabólica.

Mas, por otra parte, encuentro también, serenamente pensando, dificultades graves en esta última conclusión. Porque ficción diabólica no me parece realmente que pueda ser. En efecto, no se concibe que sea diabólico un hecho que produce las consecuencias que el Hecho produjo en mi alma: una resolución inquebrantable, mantenida sin desmayo hasta hoy —¡Dios quiera seguir alimentándola con su gracia!— y a través de mil dificultades y obstáculos, de dedicarme, incluso por estado y ministerio al servicio de Dios; una gracia que se conservó actual durante más de un año hasta convertirse en gracia santificante, cuando el 29 de junio de 1938 recibí del señor Obispo, en Vigo, lo que yo llamo mi segunda primera comunión; una perseverancia que ha triunfado hasta ahora —¡Dios quiera seguir protegiéndome!— de todos los inconvenientes. ¿Es posible que sea diabólica una causa que produce estos efectos?

Pero si prescindimos de la hipótesis diabólica, no queda sino reconocer que he sido engañado por mi subjetividad, harto conmovida, y que el Hecho por mí vivido no es sino el efecto subjetivo de una honda crisis mental. Sin duda, ni en lo que precedió, acompañó y siguió al Hecho puedo rastrear el menor indicio de anormalidad, ni en mí mismo he sentido yo nunca elementos patológicos de cierto orden psíquico, salvo los dos ataques nerviosos que he referido a usted y que fueron evidente consecuencia de la fatiga mental. Precisamente esos dos ataques se caracterizan por su índole exclusivamente somática, sin mezcla alguna de desorden psíquico, y fueron únicamente fisiológicos, nerviosos, sin afectar en nada ni a la ideación, ni a la representación, ni a la imaginación. Yo jamás he tenido alucinaciones, ni complejos mentales, ni sobreexcitaciones excesivas, ni, en suma, ninguna perturbación de la vida psíquica. Ningún psiquiatra que me examinase encontraría fundamento para diagnosticar en mí la menor dolencia psíquica. Ninguna de las personas que me conocen y me han conocido desde mi niñez podrá jamás creer que yo sea un perturbado mental.

Pero yo tengo una imaginación y una sensibilidad quizá más intensas y abundantes de lo que es corriente, circunstancia esta que con frecuencia me causa padecimientos morales y reacciones interiores más intensas también de lo que es corriente. Y aunque generalmente domino y contengo ese exceso de sensibilidad e imaginación, merced a una facultad de autocrítica o de auto-observación, que el estudio filosófico y la afición a meditaciones solitarias han desarrollado en mí, sin embargo, no es nada imposible, sino, por el contrario, muy probable, que en ocasiones excepcionalísimas, como esta ocasión única de la profunda crisis anteriormente descrita, la sensibilidad y la imaginación, fuertemente conmovidas y mal reprimidas, se hayan precipitado en concreciones informes, conduciéndome a una especie de alucinación sin sensaciones concomitantes. No encuentro otra manera de explicar la vivencia que experimenté en esa noche inolvidable para mí. Porque me resisto resueltamente a pensar que a mí, tan depravado y miserable, haya querido Dios concederme un minuto siquiera de su presencia.

A lo sumo, podría quizá suponer que Dios, queriendo afianzar mi conversión con una gracia tan profunda que se me grabase inolvidablemente en mi alma, permitió que se produjese en mi mente ese fenómeno subjetivo cuyo recuerdo indeleble fuese capaz de ayudarme a perseverar victorioso frente a todas las asechanzas, dificultades e inconvenientes que por necesidad habían de oponerse a mi vocación.

Este es, pues, principalmente el objeto de mi consulta a usted, don José María. A nadie en el mundo, ni aun en confesión, he hablado jamás de las cosas que contiene esta tan larga relación. Ni pienso, ni deseo, ni siquiera jamás hablar de ello con nadie ni a nadie, a no ser, claro está, que usted me lo mandase. Es más: siento tan profundo pudor y tanta vergüenza de estas cosas, que un año que hace que me he puesto bajo su dirección, no me he atrevido hasta ahora a decir a usted mismo nada de ello. Mi más profundo deseo sería conocer su opinión y su consejo y no volver ni a aludir a esto siquiera ni aun con usted mismo.

Antes de terminar, quizá le convenga a usted saber algunas circunstancias posteriores relacionadas con el Hecho.

Hace ya más de tres años que aconteció. Desde entonces nada he vuelto a notar en mí que se parezca a lo que suele llamarse estados extraordinarios o sobrenaturales. Mi vida espiritual ha seguido un curso normal y robusto. He ofrecido a Dios todos los padecimientos morales que necesariamente mi conversión ha traído consigo, y que no han sido pocos. Siempre el recuerdo del Hecho ha constituido para mí un consuelo extraordinariamente eficaz, y me ha servido de escudo y me ha ayudado a triunfar en todas las dificultades y adversidades.

Al principio, o sea durante aproximadamente un año y medio después de sucedido, deseaba a veces que algo más o menos parecido se repitiera en mí, y a veces, aunque pocas, lo pedí a Dios. Pero ya antes de conocer a usted había cancelado definitivamente esos deseos y peticiones. Sometido a la voluntad de Dios, no apetezco ni pido nada de eso; es más: me asusta la idea de que algo parecido pueda repetirse, y lo que pido a Dios es que no se turbe la paz que he logrado en mi alma. Mi único anhelo y mi petición constante es que Nuestro Señor me conserve la fe, en la que desde entonces no he flaqueado un momento, ni aun cuando comencé el estudio —tan peligroso para mí— de la teología dogmática. Que me conserve la fe íntegra y me dé su gracia para servirle con honradez y fidelidad, con dedicación plena y total hasta el límite de mis ya escasas fuerzas. Que conserve en mi alma la paz de que disfruto y que, a mi parecer, no es fácil ya de perturbar si la protección de Dios no me abandona.

Añadiré a usted algunos datos concretos. Al día siguiente del Hecho tomé ya la resolución de consagrarme a Dios y abrazar el estado sacerdotal. Pero como el porvenir estaba tan oscuro, sombrío e incierto, y no era cosa, en aquellos días de mayo de 1937, de realizar actos definitivos, como además comprendía que necesitaba aquilatar y purificar mi alma y probar la capacidad de perseverancia que en ella hubiera, aplacé prudentemente toda manifestación exterior.

El día 3 de mayo recibí carta de mis hijas, que ya se habían trasladado a Barcelona, instalándose en casa de nuestros buenos parientes. Entonces, y viendo que la guerra iba para largo, pensé que mejor sería abandonar París y reducirme a la mayor soledad y retiro posibles. El trabajo del diccionario, con que ganaba mi sustento, podía hacerlo igualmente en cualquier otro lugar apartado. Recordé que un amigo mío, sacerdote francés, el abate Pierre Jobit, que entonces vivía en Angulema —actualmente reside en Madrid—, era muy familiar de los benedictinos de la Abadía de Ligugé, cerca de Poitiers. El lugar, que yo conocía por visita de turismo, me gustaba por lo apartado, frondoso y apacible. Escribí, pues, al abate Jobit, y por medio de él me puse en relación epistolar con el abad de Ligugé, que tuvo la bondad de admitirme como huésped en su convento. Ya me disponía al viaje cuando recibí la noticia de la inminente llegada de mis hijas a París.

Había sucedido entre tanto que, en la primera quincena de mayo, había caído el Gobierno de Largo Caballero, siendo sustituido por el Gabinete presidido por el doctor Negrín. En este nuevo Gobierno no figuraba Galarza, principal autor de la negativa a permitir la salida de mis hijas. Mis amigos de París me aconsejaban que, puesto que Negrín se había mostrado anteriormente favorable a mis deseos, reanudase ahora mi petición, ya que ahora, siendo presidente del Consejo, le sería más fácil acceder a ella, si efectivamente quería complacerme. Sin gran confianza escribí directamente a Negrín una carta, que permaneció sin respuesta. Yo daba ya la cosa por perdida, y no habiendo motivo para ninguna esperanza, tenía ya ultimados mis preparativos para mi traslado al convento de Ligugé cuando recibí un telegrama de Barcelona anunciándome que mis hijas salían para Francia y telegrafiarían desde Cerbère.

Efectivamente, al día siguiente recibí un telegrama de Cerbère con la hora de la llegada a París.

El 9 de junio tuve la alegría inmensa de abrazar a mis hijas y nietos. Me encontraba al frente de una familia de seis personas mayores y dos niños. No había que pensar en otra solución sino la de América. Aplacé, pues, todo. En pocos días quedó arreglado el viaje a Buenos Aires, recibido el dinero, obtenidos los pasaportes. El 20 de junio embarcamos en Marsella. El 10 de julio llegamos a Buenos Aires. El 17, a Tucumán. Y empecé inmediatamente mis conferencias y clases. Las empecé, y por dentro estaba yo literalmente aterrado. La prueba que a mi incipiente fe y a mi problemática perseverancia se imponía era rudísima. Ganaba mucho, me pagaban bien.

Vivíamos con holgura, y aun más que holgura: ahorrábamos dinero. Por otra parte, tenía yo que explicar dos cátedras: una de Filosofía general, y otra de Psicología. ¡Qué de peligros, qué de asechanzas, qué de facilidades para deslizarme de nuevo hacia los viejos cauces que tan dramáticamente había abandonado!

No quiero abusar más de su paciencia, don José María. Baste decir a usted que, con la ayuda de Dios, triunfé de todos los peligros. Procuré —creo que con buen éxito— dar a mis cursos en la Universidad de Tucumán un carácter anodino en lo que toca a los problemas coincidentes con la Santa Religión. Guardé mi secreto tan cuidadosamente que ni mis hijas pudieron descubrirlo.

A los once meses de haber llegado a Tucumán, o sea en mayo de 1938, me despedí de la Universidad. Con lo que habíamos ahorrado y una *tournée* de conferencias muy lucrativas que hice en Montevideo, Buenos Aires, Rosario, Paraná, Córdoba y Santa Fe, reuní la cantidad suficiente para sufragar los gastos de viaje a España y conservar un sobrante capaz de mantenernos a mi familia y a mí durante un año entero. No me parecía que la guerra pudiese durar más.

Escribí una larguísima carta al señor Obispo —con quien desde 1930 mantenía muy buenas relaciones personales— descubriéndole mis planes, refiriéndole todos los detalles de mi conversión, aunque sin aludir para nada al Hecho extraordinario que acabo de referir a usted. El señor Obispo me contestó por cablegrama, aprobando todo y dándome su parabién emocionado. Embarcamos en Buenos Aires el 3 de junio. Arribamos a Lisboa el 24. Llegamos a Vigo el 27 por la noche. Ya durante el viaje había comunicado a mis hijas mi nuevo ser de cristiano y aun de futuro sacerdote. Lloraban conmigo de sentimiento y de alegría.

El 28 por la mañana, abracé al señor Obispo con insuperable emoción. El mismo día 28 por la tarde me confesé con él, en confesión general. En ella, aunque fue larguísima y detallada, no pude atreverme a aludir al Hecho extraordinario, que es objeto de esta relación. No me pareció necesario, y el pudor invencible me contuvo irremediablemente. El 29 por la mañana, en la capilla de Atalaya de Castro, donde vive el señor Obispo, oímos todos la misa, que dijo Su Ilustrísima, y de su propia mano recibí la Sagrada Comunión con las mejillas surcadas por gruesas lágrimas. Dos meses y medio después, el 10 de septiembre de 1938, ingresaba en el convento de los Padres Mercedarios de Poyo y comenzaba propiamente mi preparación para el sacerdocio.

Septiembre de 1940. Laus Deo.

II.
LA RAZÓN Y LA FE EN
SANTO TOMÁS DE AQUINO

Conferencia pronunciada en la Universidad de Valladolid, el 7 de marzo de 1940, con ocasión de la fiesta de santo Tomás de Aquino.

Todos los dogmas y misterios de nuestra sagrada religión son por igual dignos de veneración, de respeto y de amor. Pero hay uno entre todos que por ventura solicita con particular instancia la ternura de nuestro corazón. Me refiero al dogma de la Comunión de los santos. ¿Cómo no sentirse profundamente conmovido al pensar en esos bienaventurados de la gloria que, desde su eterno descanso, tienden sobre nosotros la solícita protección de su inagotable caridad? ¿Qué consuelo no ha de ser para el hombre —caminante solitario en la selva hostil del mundo— qué consuelo no ha de ser para el hombre el saberse asistido, protegido, comprendido por los que ya rindieron viaje y gozan ahora de la imperecedera beatitud? Con irresistible ardor y confianza elévanse nuestras miradas y nuestros corazones hacia esas almas selectas, que piden por nosotros, que oyen nuestra doliente confidencia, que nos fortalecen con su inspiración y consejo. Por eso la Iglesia, en las plegarias que cada día ofrece a Dios nuestro Señor, invoca el nombre de algún santo y asocia a nuestras súplicas, por encima del tiempo y del espacio, las súplicas también de los que en esta vida terrenal fueron ejemplos de virtud heroica y de devota dedicación.

Hoy nuestras preces se exornan con el nombre excelso de Tomás de Aquino. Miles y miles de sacerdotes, sobre la faz de la tierra, en representación de muchísimos millones de fieles cristianos, han elevado a Dios esta mañana la oración de la Santa Misa, invocando el nombre del Angélico Doctor. He aquí los términos mismos de la oración: «Dios, que iluminas tu Iglesia con la admirable sabiduría de tu bienaventurado confesor Tomás y la fecundas con sus santas obras, concédenos, te lo suplicamos, la gracia de que nuestro intelecto entienda bien su doctrina y nuestra conducta imite bien sus virtudes».

GRANDEZA DE SANTO TOMÁS

No pequeña gracia es esta que todos los cristianos hemos pedido hoy a Dios. Entender bien la doctrina y practicar bien las virtudes de santo Tomás quiere decir nada menos que aproximar nuestro pobre pensamiento y nuestra pobre vida al pensamiento y a la vida de un hombre, que fue a la vez un gran filósofo, un gran teólogo, un gran poeta y un gran santo. Todo eso fue en efecto santo Tomás; y nada menos que todo eso. Fue gran filósofo y de tan sólida y excelsa estirpe, que apenas dos o tres ejemplares selectísimos de la razón humana pueden acaso parangonarse con él: Platón, Aristóteles, san Agustín. Fue gran teólogo, tan grande y sublime, que, así como él llamaba a Aristóteles el filósofo por antonomasia, así nosotros debemos llamarle a él el teólogo por excelencia, porque ha dado a la teología, a la ciencia divina, su estructura y forma científicas definitivas. Y fue también gran santo y gran poeta. Su virtud sólida y firme obraba con la evidente espontaneidad de un alma limpia, toda armonía, toda ponderación, toda bondad. La profunda y mansa pureza, que constituía el ámbito de su vida espiritual, refléjase irrecusablemente en las delicadas perfecciones de sus poemas religiosos. Se ha dicho, y no se ha exagerado, que santo Tomás es el más grande poeta latino de la Edad Media[1]. ¿Quién no conserva en la memoria las impresionantes estrofas del «Pange lingua» o las conmovedoras imágenes del «Adoro te devote»? Pero a tan altas calidades de poesía sagrada solo llegan las almas señaladas por Dios con el sello de una santidad excepcional y un grado altísimo de oración.

---

[1] Rémy de Gourmont, *Le latin mystique*, París, 1913.

EL TEMA

Este es el hombre, Excelentísimos Señores, cuyo ejemplo propone hoy especialmente la Santa Iglesia a nuestra meditación. Tanta riqueza de perfecciones en un alma, que con razón ha sido llamada angélica, no podríamos nosotros desenvolverla y ni aun siquiera enumerarla en esta conmemoración. Debemos, pues, circunscribir el tema y reducirlo a proporciones tales que, en cierto modo, lo aproximen a nuestras harto escasas posibilidades. La filosofía es nuestro estudio. En las escuelas universitarias se desarrolla nuestra vocación. Mas, por otra parte, la gracia de Dios, infinitamente misericordioso, ha encendido en nuestro espíritu la antorcha de la fe. Con lágrimas de gratitud y estremecimientos de amor recibe el alma esas caricias de la inagotable bondad que gobierna el Universo. La paz, la divina paz de las eternas certidumbres aquieta y remansa para toda la eternidad las tormentas interiores. Solo el hombre que sabe creyendo y cree sabiendo, solo el hombre a quien le es dado contemplar la unidad perfecta de la razón y de la fe, conoce lo que es la verdadera vida, aquí y allá, la vida perenne, la vida eterna, más profunda que el ser.

Ahora bien, Excelentísimos Señores, santo Tomás, entre los mil florones de su corona, ostenta este: el haber definido de una vez para siempre, en la historia de la cultura humana, esa unidad fundamental de la razón y de la fe. Con la maravillosa naturalidad y sencillez que caracterizan el estilo peculiar de su pensamiento, el santo filósofo establece las bases y principios de dicha unidad. Para exponerlos fielmente, seguiremos paso a paso sus propios razonamientos.

El objeto de la sabiduría

Si consideramos las distintas artes o ciencias que los hombres cultivan, hallaremos que unas se subordinan a otras, formando a modo de una jerarquía, en la cual ciertas artes o ciencias desempeñan el papel de medios con respecto a ciertas otras, que son sus fines. Así la medicina gobierna y rige a la farmacia, puesto que los medicamentos elaborados por el farmacéutico son los medios de que el médico se vale sabiamente para obtener la salud del enfermo. Por esta razón los que conocen esas artes o ciencias superiores se llaman sabios. Y lo son en verdad; saben y conocen realmente los efectos y las causas en las cosas de su saber o ciencia. Pero son sabios solamente en esas ciertas cosas; son sabios relativamente a determinados objetos, a determinados bienes, a determinados fines. ¿Quién empero será el que merezca el nombre de sabio en absoluto y sin restricción? Sin duda el que conozca y considere el fin no de tales o cuales cosas, sino de la universalidad de todas las cosas. Ahora bien, el fin último de una cosa es el que se propuso su primer autor o motor. El fin último del universo será, pues, el que se propuso el primer autor o motor del universo. Mas el universo es inteligible, puesto que nosotros podemos conocer lo que las cosas son. Luego el primer autor o motor del universo es el intelecto. Por lo tanto, el fin último del universo tiene que ser el fin mismo de la inteligencia. Este fin empero es la verdad; de donde resulta que el objeto propio de la sabiduría absoluta es la verdad[2].

Pero ¿qué verdad? No ciertamente una verdad cualquiera, particular y circunscrita, sino la verdad absolutamente primaria, la verdad que es fuente de cualquier otra verdad, la verdad de donde dimanan todas las demás verdades. Mas esta verdad absolutamente primaria: ¿dónde encontrarla? Recordemos el paralelismo perfecto —los filósofos lo llaman transcendental— entre la verdad y el ser. Recordemos que la verdad se adapta perfectamente a todas las sinuosidades de la realidad; que el orden y disposición de las cosas en la verdad son idénticos al orden y disposición de las cosas en la realidad; o dicho de otro modo, que la verdad y el ser pueden convertirse. La verdad absolutamente primaria será, pues, también el ser absolutamente primario, es decir, será la verdad de Dios. El objeto de la sabiduría absoluta es, pues, Dios[3].

Si traducimos este razonamiento riguroso de santo Tomás a un lenguaje más moderno y accesible, diremos: que todos nuestros conocimientos científicos positivos, o sea las leyes que las diversas ciencias positivas establecen en territorios diversos de la realidad, constituyen una masa de saberes relativos y contingentes, que, en conjunto, penden del problema de la realidad total o sea del problema metafísico. El positivismo de las ciencias

---

[2] *Summa contra gentiles*, I, 1.
[3] *Summa contra gentiles*, III, 25. (Item: quod est tantum...).

particulares no puede salvarse de la contingencia, si no se decide a plantear y resolver el problema metafísico de la realidad total. Toda ciencia positiva particular apunta, pues, hacia el saber universal y metafísico y lo reclama urgentemente. La metafísica no es la quinta rueda del carro, como creía el positivismo, sino propiamente el fundamento único que confiere legitimidad y necesidad a todo conocimiento particular. Es la ciencia de las ciencias, la filosofía primera, la sabiduría esencial y fundamental.

MÉTODOS DE LA SABIDURÍA

Ahora se plantea empero con singular agudeza el problema básico de toda la filosofía. ¿Cómo alcanzar ese conocimiento de la verdad primera o ser primero? ¿Qué medios tenemos para llegar a esa sabiduría suprema, a ese conocimiento de Dios? ¿Cuál es el método de la metafísica?

Respuesta de santo Tomás: tenemos ante todo la razón. Con la razón podemos, sin duda, avanzar mucho en la sabiduría metafísica acerca de Dios. Podemos por ejemplo conocer que Dios existe, que Dios es uno, simple, infinito y otras verdades semejantes[4]. Ahora bien, no todo lo que sabemos acerca de Dios lo sabemos por la vía de la razón natural. También tenemos sobre Dios conocimientos «que exceden toda facultad de razón humana»[5]. Son los conocimientos que Dios mismo nos ha dado

---

[4] *Summa contra gentiles*, I, 3.
[5] *Summa contra gentiles*, I, 3.

de sí mismo en su revelación. La situación de hecho es, pues, la siguiente: «conocemos algo» de Dios por razón natural; «no conocemos todo» de Dios por razón natural; «conocemos algo» de Dios por revelación.

Que la razón natural es insuficiente para proporcionarnos un conocimiento completo y perfecto de Dios, es cosa que resulta clara y patente, si consideramos el mecanismo de los conocimientos humanos. En efecto, el intelecto humano está unido a la materia; para conocer necesita tomar como punto de partida la realidad sensible y, sobre los datos de los sentidos, verificar la intelección de la forma esencial. Sin duda nuestro intelecto, basándose en los datos de la experiencia sensible, puede inferir que Dios existe; pero no puede inferir lo que Dios es. Sin duda, una vez establecida la existencia de Dios, nuestra razón puede formar algún concepto de Él[6]; pero necesariamente ha de ser un concepto negativo y «analógico», obtenido extendiendo a la esencia de Dios negativa y analógicamente los conceptos de las esencias de las cosas sensibles. De ninguna manera está capacitado el intelecto humano para contemplar directamente la esencia misma de Dios, ya que Dios, substancia totalmente espiritual, no ofrece a nuestros sentidos base alguna sensible, de la cual el intelecto pudiera extraer la esencia inteligible. Lo que positivamente sabemos de Dios lo sabemos, pues, por otra vía, que no es la razón natural. Lo sabemos por la revelación; lo sabemos por la fe.

---

[6] *Summa theologiae*, I, 7; quoest. 3.

La razón y la fe son, pues, los dos medios de que disponemos para constituir la metafísica o sabiduría acerca de Dios, entre primero y verdad primera, causa primera y absoluta. La razón nos conduce a la existencia de Dios; pero no nos permite formarnos de su esencia concepto alguno positivo, sino solo nociones analógicas. Nos enseña que Dios existe y lo que Dios no es. La fe, en cambio, hace penetrar en nuestra mente los conocimientos revelados por Dios acerca de sí mismo. Por la fe sabemos algo de lo que positivamente es Dios; por ejemplo: que es uno y trino, que el Hijo procede del Padre y que el Espíritu Santo procede del Padre y del Hijo. La razón y la fe tienen, pues, perfectamente señalados sus respectivos territorios; se complementan armoniosamente la una a la otra. Allí donde la razón falla, suple la fe; y las dos reunidas y aplicadas al tema supremo de Dios, constituyen en estrecha unidad todo nuestro saber natural y sobrenatural de la causa primera que gobierna el Universo.

La conveniencia de que las verdades de la fe vengan a complementar las adquisiciones de la razón natural no se basa empero solamente en la mayor riqueza de conocimientos que este divino auxilio nos otorga. Hay otros dos fundamentos además, que abonan también la necesidad de la revelación y por lo tanto de la fe. El primero se halla en el fin supremo de la salvación del hombre. Para salvarse necesita el hombre conocer su fin y ordenar hacia él sus acciones externas e internas[7]. Era, pues, necesario que

---

[7] *Summa theologiae*, I, 1, 1.

Dios revelase al hombre ciertas verdades superiores a la razón, para que el hombre, sabiéndolas, pudiera organizar y orientar convenientemente su vida hacia su eterna salvación. El segundo fundamento que justifica la revelación es: que el ejercicio mismo de la fe reacciona sobre la razón perfeccionándola y poniéndole el remate más adecuado a la actividad humana. Conviene al hombre saber que hay, por encima de su razón limitada, esencias que la razón sola no puede conocer. Conviene al latente orgullo del alma racional el perpetuo ejercicio de humildad, a que la fe le obliga. Conviene que el hombre no caiga en la tentación de medir la grandeza de Dios por el rasero de su pobre razón. Pero dejemos hablar al mismo santo en su sencillo y sobrio lenguaje: «Solo conocemos a Dios verdaderamente cuando le creemos por encima de todo lo que el hombre puede pensar de Él... Mas proponiendo a la creencia del hombre ciertas verdades, que excedan la razón, afiánzase en el hombre la opinión de que Dios es algo que está muy por encima de su pensamiento[8].

RAZÓN Y FE SE COMPLEMENTAN

Así pues, la fe es el complemento, el perfeccionamiento de la razón. En rigor la razón y la fe no debieran superponerse nunca. Porque de uno y el mismo objeto no podemos tener a la vez conocimiento de fe y conocimiento de razón. Si sabemos algo por fe, no lo sabemos por

---

[8] *Summa contra gentiles,* I, 5.

razón. Si sabemos algo por razón, no lo sabemos por fe. La razón demostrativa y ciencia cierta de algo, excluye la fe. Y recíprocamente; cuando de algo tenemos creencia por fe, es que no podemos probarlo ni demostrarlo. «Es imposible, dice santo Tomás, que de una y la misma cosa haya fe y ciencia»[9]. Justamente porque la razón y la fe son complementarias, es por lo que se excluyen en uno y el mismo objeto. Pero el rigor de este principio recibe en la aplicación práctica paliativos y enmiendas oportunas. De hecho muchas verdades, que en sí mismas son de razón, hállanse en nosotros como de fe y son por nosotros creídas más que conocidas demostrativamente. Así sucede cuando concedemos crédito ciego a los científicos en las disciplinas que ignoramos. Por otra parte, hay demostraciones racionales que son difíciles de establecer y en cuyo transcurso puede de hecho flaquear la inteligencia, dando entrada subrepticiamente al error. Que esto acontece en efecto muchas veces, demuéstranlo las disputas y discusiones entre los sabios. Es, pues, imposible y sería harto inconveniente llevar al extremo rigor el principio de la exclusión recíproca de la razón y de la fe. Sin duda la razón y la fe se completan y por lo mismo no deben superponerse. Pero en muchos casos —por ejemplo en todos los casos de ignorancia o de incapacidad personal— la fe sustituye con ventaja a la razón; y la Providencia obra sabiamente proponiendo a la fe de las muchedumbre humanas ciertas verdades, que en sí

---

[9] *Quoest. disp. de veritate,* quoest. XIV, art. 9.

mismas, y quizás para algunas inteligencias más sutiles, pudieran ser accesibles a la demostración racional.

No hay, pues, daño en que una verdad de fe se demuestre, si ello es posible; o en que una verdad de razón se ofrezca como de fe, si algunos hombres han de poseerla mejor en la fe que en la razón. Estas superposiciones ocasionales de la razón y de la fe no presentan peligro de menoscabo ni para la fe ni para la razón. Porque —y con esto llegamos al punto central de toda la teoría de santo Tomás y aun acaso a uno de los pilares básicos de su sistema— porque entre la razón y la fe ni hay ni puede haber nunca la más mínima contradicción. En primer lugar la revelación de Dios va envuelta, precedida y acompañada de tales y tan estupendos signos exteriores, que abaten toda duda y fuerzan el asentimiento con una violencia auténticamente divina. En este punto de serenidad habitual de nuestro Santo Doctor cede por ventura a un entusiasmo, que a duras penas se contiene en la voluntaria disciplina del estilo. Con emoción mal reprimida enumera santo Tomás todos los llamados motivos de credibilidad: milagros, curaciones de enfermos, resurrecciones de muertos, alteración en los movimientos celestes, inspiración estupenda de los Apóstoles, agraciados en un instante con las más altas dotes de sabiduría y elocuencia. Pinta luego la maravillosa propagación de la fe cristiana no por la violencia de las armas, ni por la promesa de deleites y voluptuosidades, sino entre persecuciones de crueles tiranos y proclamando doctrinas de renunciamiento, humildad, menosprecio del mundo y sus grandezas[10]. Una revelación acompañada de tales signos visibles no puede por menos de ser verdadera. Ahora bien, si las verdades reveladas son verdaderas, es imposible que contradigan a las verdades racionales; porque la verdad es una, como el ser, y cualesquiera que sean los modos de su manifestación o conocimiento, no puede haber discrepancia ni oposición entre unos y otros.

Unidad de la verdad

La unidad objetiva de la verdad es, pues, la base en que se funda la armonía entre la fe y la razón. La verdad racional y la verdad de fe no pueden contradecirse. El único contrario de la verdad es la falsedad. Uno y el mismo Dios es empero el autor de nuestra razón y el autor de la revelación. Necesariamente por tanto han de coincidir la revelación y la razón, que proceden ambas de la absoluta verdad de Dios[11]. La fe sabe lo que sabe por acatamiento reverencial a la autoridad divina. La razón sabe lo que sabe por propia actividad inteligente. Pero ambos saberes son verdades; y no pueden contradecirse, porque los principios del razonamiento han sido puestos en nosotros por Dios, que es el mismo autor de la revelación recibida por la fe. La verdad de una afirmación consiste en la concordancia de lo que se dice con lo que es, no en el modo o método por el cual llegamos a tal afirmación.

---

[10] *Summa contra gentiles,* I, 6.
[11] *Summa contra gentiles,* I, 7.

Una ocurrencia fortuita, un pensamiento infundado, las aseveraciones de un demente, pueden ser verdaderos, si el pensamiento o el dicho concuerda con el ser de lo pensado o dicho; aunque su procedencia resulte inexplicable e incomprensible. Es posible acertar por casualidad. Sin duda en las cosas humanas y mundanas la garantía del acierto o de la verdad debe ser exigida en forma de pruebas y demostraciones, que nos convenzan de que el pensamiento o el dicho coincide con el objeto a que se refiere. Pero si el objeto está fuera del alcance de nuestra facultad de comprobar y demostrar, y si por otra parte la afirmación viene acompañada de evidentes signos que la señalan como de procedencia divina, entonces es posible y conveniente y necesario recibirla por verdadera, aunque no podamos humana y racionalmente comprobarla y demostrarla. Y en todo caso, podemos estar bien seguros de que entre esas afirmaciones recibidas por la fe y las que la razón natural elabora, no puede haber contradicción alguna. La realidad es una. Dios es uno. La verdad es una. La concordancia entre la fe y la razón se funda en último extremo sobre el postulado de la unidad del ser y de la verdad en Dios.

FILOSOFÍA Y TEOLOGÍA

Ahora ya podemos en pocas palabras sacar las consecuencias de esta concepción. Sin confundirse nunca, la razón y la fe pueden compenetrarse y ayudarse mutuamente. La filosofía y la teología de santo Tomás son ejemplos admirables de esa mutua compenetración y ayuda, que jamás degenera en confusión de los dos órdenes. La filosofía puede muy bien desempeñar su función propia en la teología. Las verdades de la fe sirven por su parte a alumbrar las sendas del pensar filosófico. Pero siempre la razón y la fe proceden según su propia y peculiar modalidad. En la teología, la filosofía no se propasará a intentar la demostración de las verdades reveladas, que exceden todo poder de la razón humana. Ello sería contrario al buen método y además constituiría una imprudencia notoria, gravemente perjudicial para la misma fe[12]. Pero la filosofía podrá y deberá «declarar» la fe, explicarla, envolverla en comparaciones y preparaciones racionales. Elaborará los conceptos necesarios que, a modo de instrumentos mentales, sirvan para captar y retener mejor en el espíritu las verdades de la fe. Más aún: puesto que entre la fe del teólogo y la razón del filósofo no puede haber discrepancia, la filosofía deberá tener por axioma cierto, que toda supuesta demostración racional de la falsedad de un artículo de fe ha de ser necesariamente falsa y sofística[13]; y al filósofo le tocará demostrarlo, abriendo así campo libre para la vigencia indiscutible del dogma.

Por su parte la filosofía no puede sino ganar en el contacto y hermandad con la teología. De la teología sacará la filosofía indicaciones preciosas para su propósito. Por ejemplo: de antemano sabrá el filósofo creyente que

---

[12] *Summa contra gentiles*, I, 9.
[13] *Summa contra gentiles*, I, 7.

ciertas tesis filosóficas necesariamente tienen que ser falsas, todas aquellas tesis que, de un modo o de otro, resulten incompatibles con los dogmas de la fe. Y esta iluminación orientadora de la fe le guiará a través de los problemas racionales y le señalará las cuestiones en que el esfuerzo de su intelecto deba afincarse con afán más enconado.

Pero aun en los momentos de más íntima colaboración y compenetración, la fe y la razón conservan siempre sus caracteres propios y diferenciales, manteniendo intacta la mutua independencia. El filósofo demuestra por razones evidentes. El teólogo, en cambio, apela siempre, como fuente indiscutible, a la autoridad suprema de la revelación divina. Y hasta tal punto acentúa santo Tomás la distinción radical entre estos dos modos de conocimiento, entre el método racional de la filosofía y el método autoritario de la teología, que llega a declarar entre ambas ciencias una diferencia de género[14].

FILOSOFÍA PURA

Sin reservas de ninguna clase, con plena conciencia de la profunda novedad que esta concepción entraña, santo Tomás proclama y realiza rigurosamente la distinción y al mismo tiempo la unidad de la razón y de la fe. Su filosofía es filosofía y nada más que filosofía. O, como suele decirse hoy, filosofía pura. Nada de píos fraudes. Ni el más mínimo elemento de sus demostra-

---

[14] *Summa theologiae*, I, 1, ad. 2.º

ciones racionales está torcido o cohibido o exaltado por la preocupación de acomodarlo a la fe. La filosofía de santo Tomás puede presentarse en la historia del pensamiento humano como modelo perfecto de objetividad racional. No hay en ella ni rastro de esas habilidades habituales en los virtuosos del pensamiento, que saben a veces con singular maestría poner el raciocinio al servicio de una causa ajena a la pura verdad. Casi me atrevería a decir que la filosofía de santo Tomás no es, en su intención, filosofía cristiana. Es filosofía verdadera; que, por serlo, resulta cristiana. Porque toda la labor intelectual del gran santo se funda precisamente en la convicción de que el mejor servicio que la filosofía puede prestar a la religión consiste en desenvolverse como exclusiva y auténtica filosofía. La verdad pura del pensar puro no puede por menos de conducir en línea recta a la verdad santa de la creencia religiosa. Por eso en el sistema de santo Tomás se hermanan de manera casi milagrosa la profundidad con la sencillez; y el acuerdo de las verdades racionales con las verdades de la fe se produce de modo tan natural y evidente, que dijérase el encaje y unión de las dos mitades de un mismo todo.

FILOSOFÍA ABIERTA Y FILOSOFÍA CERRADA

Y en verdad así es. La filosofía y la teología son efectivamente las dos mitades de un mismo todo. Juntas, representan fielmente la esencia plena de la realidad integral. Cuando encontréis alguna vez doctrinas o sistemas filosóficos que contradigan un dogma de nuestra santa fe, estad seguros de que algún vicio oculto mina sus entrañas intelectuales. La unidad de la verdad se funda en último término sobre la unidad de la realidad. He aquí la enseñanza imperecedera que los hombres debemos al genio del Santo Doctor. La filosofía auténtica no cierra la puerta a otras noticias, que de la realidad nos lleguen por vías distintas de la razón y la experiencia. La filosofía auténtica es siempre filosofía abierta de par en par, filosofía comprensiva y verdaderamente objetiva. En cambio, el error radical de los sistemas filosóficos que niegan a la fe todo valor de conocimiento, consiste precisamente en cerrar esas puertas de la razón a todo lo que no sea la razón misma; o mejor dicho, en aprisionar dentro del recinto racional toda la realidad objetiva. Bajo el lindo nombre de idealismo, oculta el pensamiento llamado moderno un postulado monstruoso, el postulado de que la realidad, el ser, todo lo que es, todo lo que existe, procede íntegramente de la actividad del yo pensante. Permitid que en pocas palabras explique lo que esto significa.

La reflexión filosófica, cualquiera que ella sea, tiene que partir necesariamente de la idea de la verdad. El filósofo, en efecto, pretende descubrir verdades y distinguirlas de los errores. Por consiguiente, el filósofo o sabe ya de antemano qué cosa sea la verdad, o tiene que ponerse ante todo a investigarlo. Ahora bien, nadie puede dudar de que la verdad es primeramente la concordancia perfecta entre lo que yo pienso que una cosa es y lo que esa cosa es efectivamente. En suma, la verdad es la adecuación entre el pensamiento y la realidad. Pero aquí justamente es donde se produce el momento dramático de la filosofía. Ahora es llegado el instante en que el filósofo tome una resolución definitiva, de la que ya para siempre va a depender el carácter y giro de todo su sistema. Porque dos caminos, se ofrecen ahora ante el filósofo: o bien el de considerar que, en la verdad, el pensamiento se ajusta al objeto; o bien que el objeto se ajusta al pensamiento. En el primer caso, tenemos este tipo de filosofía que hemos llamado abierta. Aristóteles y santo Tomás son sin duda los representantes más perfectos de esta manera de filosofar. En el segundo caso tenemos el tipo de filosofía que hemos llamado cerrada y cuyos exponentes más ilustres son acaso Descartes y Kant. La filosofía abierta empieza por la realidad, por el ser, y trata de fijar en conocimientos verdaderos la estructura propia de la realidad en general y de aquella realidad que es fuente y origen de toda realidad. La filosofía abierta es, pues, en términos generales, realista; procura acomodar el pensamiento al ser; está siempre atenta a someter la razón a las exigencias del objeto. Es objetiva en el amplio sentido de la palabra, es decir, sumisa humildemente a las modalidades del objeto puro. En cambio, las filosofías cerradas siguen el camino estrictamente contrario. Empiezan por el yo cognoscente; analizan luego el acto racional de conocer; fijan las estructuras propias del pensamiento; y en seguida trasladan al objeto esas estructuras del sujeto y reducen el ser que es a mero término del yo que conoce. Para estas filosofías cerradas el objeto no es más que un producto, por decirlo así, del sujeto; de suerte que todo eso que llamamos la realidad queda aprisionado dentro de las modalidades y condiciones en que funciona el pensamiento racional puro. El nombre de idealismo no le cuadra mal a esta manera de filosofar; en la cual la realidad se reduce a la condición de simple idea. Los títulos de las obras cumbres del idealismo filosófico son harto significativos de lo que en esos libros se contiene. El *Discurso del método* y la *Crítica de la razón pura* buscan en las formas del pensar metódico y del entendimiento cognoscente la raíz de toda objetividad; y Kant resume el sentido de su doctrina en la célebre fórmula: «las condiciones de la posibilidad del conocimiento son al mismo tiempo las condiciones de la posibilidad de los objetos».

A la vista salta la diferencia abismal que media entre una filosofía abierta, como el realismo de santo Tomás, y una filosofía cerrada, como el idealismo de Descartes o de Kant. Para santo Tomás la filosofía, respetuosa del objeto, está siempre dispuesta a someterse a lo que la realidad mande. En cambio, Descartes y Kant, encerrados en la prisión de su propia conciencia subjetiva, no quieren reconocer más realidad que la que de su mismo yo extra el pensamiento mismo. Imposible, pues, resulta para una filosofía cerrada todo lo que no sea razón pura. Necesariamente la fe tiene que desaparecer; y si, por coquetería de psicólogo, se mantiene su existencia, ha de ser simplemente como acto subjetivo, pero ya sin objeto propio, sin realidad a la cual referirse. El idealismo conduce inevitablemente a suprimir la religión o a convertirla en puro sentimiento sin objeto. Y esto último es lo que propiamente acontece en esa forma reciente de idealismo religioso que suele llamarse modernismo; donde la fe, privada de toda relación real con seres reales, se fabrica para su uso particular unas sombras de objetos, que en último término se volatilizan en suspiros sutiles de un sentimentalismo inconsistente.

Para las filosofías cerradas, no hay más objetos que los que se contienen en la prisión íntima del yo. Poseído por un receloso temor a errar, el idealismo pretende salvarse de la duda, encerrándose en la única certidumbre inmediata del yo. Pero este refugio en lo subjetivo constituye propiamente el suicidio de la filosofía, que, privada de todo acceso a la auténtica realidad del ser, queda para siempre aprisionada en el prejuicio y en el orgullo de la razón pura. Las filosofías abiertas, en cambio, empiezan por reconocer el imperio indiscutible de la realidad infinita y le someten la razón humana, como órgano de conocimiento, no de creación, recibiendo con humildad gozosa toda ciencia, toda creencia que por cualquier vía segura venga a aumentar el caudal de lo que Dios, nuestro Creador, nos permite conocer.

EL REALISMO DE SANTO TOMÁS

De estas filosofías abiertas, objetivas, sin perjuicios, el ejemplar más logrado es sin duda la filosofía de santo Tomás. Por propia índole y esencia, el realismo del bienaventurado Doctor Angélico da entrada franca en su amplio seno a todos los modos de saber, que vengan exigidos por la estructura propia del objeto conocido. Será experimental en las ciencias positivas de la naturaleza material; analítico en las ciencias matemáticas de los objetos ideales; racional en la investigación ontológica del ser puro; crítico y psicológico en la historia de los acontecimientos humanos; autoritativo en la ciencia teológica de la revelación divina. En el realismo la fe, la razón, la crítica, el análisis, la observación, el experimento, son vías y métodos por igual legítimos, que nos proporcionan conocimientos verdaderos de la realidad, cuando se adaptan convenientemente a las estructuras ónticas del objeto estudiado. La unidad de la verdad, afianzada sobre la unidad del ser, no solo no sufre menoscabo, sino que más bien se afirma y enaltece con la diversidad armónica de los modos humanos de conocer. La filosofía de santo Tomás acepta todas esas modalidades de conocimiento y las hace converger todas en la síntesis total del saber. Justamente por eso su objetividad fundamental redunda siempre en beneficio de la religión.

Nada aprovecha más a la causa sagrada de la fe que el respeto absoluto a la razón. Como nada perjudica más a la integridad de la razón que el monstruoso designio de cercenar en el hombre el órgano divino de la fe.

Excelentísimos Señores. El pensamiento de santo Tomás de Aquino, al cabo de siete siglos, conserva entero su frescor original y palpita en nuestros espíritus de hoy con un sentido a la vez actual y eterno. Santo Tomás es el filósofo más moderno de nuestra generación. La verdad, siempre joven, es tan vieja, que se remonta al principio absoluto de todas las cosas, a la eternidad de Dios. Nosotros, universitarios, somos hombres de la verdad, es decir hombres de Dios. Mantengamos siempre estrechamente unidas nuestra razón y nuestra fe, para mayor gloria de nuestra España católica; e invocando el nombre glorioso de nuestro Santo Patrono, repitamos con todo el fervor de nuestras almas la oración que hoy eleva al Cielo toda la Cristiandad: «Dios que iluminas tu Iglesia con la admirable sabiduría de tu bienaventurado confesor Tomás y la fecundas con sus santas obras, concédenos, te lo suplicamos, la gracia de que nuestro intelecto entienda bien su doctrina y nuestra conducta imite bien sus virtudes».

III.
EL ESPÍRITU CIENTÍFICO
Y LA FE RELIGIOSA[1]

Muy grande es la emoción que yo siento en este momento. Desde hace algunos años no ceso de sentir emociones, y yo quisiera tener palabras para expresarlas, y no las tengo. Quisiera también manifestaros de algún modo la íntima satisfacción, la profunda alegría que yo siento al inaugurar hoy este Instituto Diocesano de Cultura Religiosa; la íntima satisfacción, porque la idea misma de propagar la cultura religiosa, la idea misma de enseñar lo que es la ciencia de la religión católica, esa idea misma toca una de las fibras más profundas de

---

[1] Conferencia, de título desconocido, pronunciada en el Teatro Gayarre de Pamplona el día 12 de octubre de 1941 con motivo del acto inaugural del curso del Instituto Diocesano de Cultura Religiosa. Publicado en: «El Pensamiento Navarro», 14, 15, 16, 17, 18, 19, 21, 22 y 23 de octubre de 1941.

mi corazón. Porque estoy profundísimamente convencido de que la única, o si no es la única, por lo menos la principal manera de venir en auxilio espiritual a unos hermanos nuestros que en el mundo presente sufren de un dolor espiritual profundo, es la propagación de la cultura religiosa. Todavía es oscuro lo que acabo de decir, pero lo voy a aclarar. Existe hoy en el mundo un gran número de hermanos nuestros que padecen una dolencia espiritual. Me refiero a los llamados intelectuales. Y la dolencia espiritual que los intelectuales padecen los hace dignos de una profunda conmiseración, y nuestra caridad cristiana debe verterse en ríos de amor, en ríos de efusión para con estas almas que sufren.

¿Y cuál es esa dolencia espiritual? En dos palabras: esa dolencia es el miedo a la fe. Las almas de los intelectuales en el mundo hoy sienten miedo a tener fe; la mayor parte, todos no, pero muchos de ellos no son cristianos. ¿En qué consiste este miedo? Voy a explicároslo en dos palabras. Desde el momento en que Jesucristo vino al mundo acontece una cosa singular y casi milagrosa, y es que esta figura santa y bendita se ha apoderado de los corazones de los hombres y ha penetrado en ellos tan profundamente que sus huellas quedan allí indelebles. Puede haber, y hay, en el mundo muchos seres, por desgracia, que todavía no saben que Cristo ha existido, que no conocen nada de Cristo. La Iglesia y sus misioneros están encargados de darles a conocer a Cristo; pero los que conocen a Cristo, desde el primer momento en que lo conocen, se quedan inevitablemente subyugados por

Él; los unos para amarle, para reverenciarle, para darle gracias rendidas en cada momento por el beneficio enorme, inefable, que vino a hacernos a los hombres en esta tierra, y los otros para odiarle, para escarnecerle, para perseguirle; pero nadie es indiferente ante esa figura, nadie encontraréis que sea indiferente. Habrá quizá alguno que finja indiferencia —otra manera sutil de ataque—, pero en el fondo de su alma nadie la siente. Si repasáis, por ejemplo, obras de filósofos modernos, de escritores notorios que no son cristianos, encontraréis cada dos o tres párrafos algún leve indicio de que en el fondo de su corazón está actuando el gusano de la preocupación acerca de Cristo. El filosofo francés Augusto Comte, fundador del positivismo, no cesaba de pensar en la idea de Cristo, aunque nunca lo nombra. El frívolo escritor, lleno de belleza, de forma, pero de inconsistencia mental, Anatole France, no cesa en cada instante de revelar la preocupación intensa que la figura de Cristo le produce. Puede decirse que en todo momento de la historia Cristo es el tema de nuestro tiempo, Cristo es el tema del tiempo que sea, del tiempo presente, y lo es hoy lo mismo que hace diecinueve siglos.

Pues bien, en el alma de estos llamados intelectuales está, díganlo o no, la preocupación profunda de Cristo, y en su corazón existe una lucha trágica, una lucha que nos llena de conmiseración, de amor para ellos. La lucha entre el atractivo singular de esa figura de Cristo, entre el tirón de la gracia que se aproxima, pero que no llega todavía, el silbo del pastor, el silbo del Buen Pastor que resuena en sus oídos y acaricia sus almas, por una parte, y por otra, el miedo a caer de ese pedestal orgulloso que la ciencia y la filosofía del idealismo han levantado en el corazón de los hombres modernos, el miedo a aparecer como un niño que se entretiene con fábulas increíbles, el miedo a que se diga: ¡cómo! ¿eso es espíritu científico? Y ¿usted cree en esas cosas? Ese miedo a la fe que contrapone, por una parte, el orgullo de la filosofía moderna con la humildad del Evangelio, y que hace que los hombres dividan su corazón, los intelectuales sobre todo, entre un afán de superioridad, de hombría, que los coloque como creadores, como fautores de la Creación y la humildad pequeña de confesarse ovejas de ese Pastor, cuyo silbo oyen en el fondo de su alma.

Esa contradicción, esa contraposición y esa lucha es lo que palpita en el fondo de los hombres intelectuales. Y yo siento, por los beneficios que el Señor ha hecho en mí, una compasión tan grande por esos hermanos nuestros, que daría, no sé que daría, por aliviar sus penas, por aliviar su lucha interior, y creo firmemente que la única o quizá la principal manera de aliviar esa lucha interior es mostrarles lo que es de verdad nuestra santa religión, para que vean que no es cosa de niños, que no es una puerilidad como ellos creen, que está a la altura de los tiempos, y que no deben tener miedo en creer en Dios, en creer en Cristo y en confesar a Cristo. Por eso, un Instituto de Cultura Religiosa como este, que difunda por todos los cuatro vientos el espíritu y las verdades de nuestra santa fe, apoyado en los razonamientos más sólidos y en las estructuras más firmes de la razón y de la ciencia, es un beneficio extraordinario que se puede hacer a esas almas vacilantes, que no se han decidido porque creen que van a ser menos al entregarse a Dios de esta manera. Así yo rindo mis gracias más expresivas a los animadores de este Instituto de Cultura Religiosa, porque creo que hacen un bien extraordinario a esta parte de la humanidad, para quien todavía no hemos descubierto los misioneros apropiados.

Y es que, en el desarrollo de la cultura filosófica y científica moderna, han ido poco a poco dibujándose dos pensamientos que parecen ser fundamentos de esa actitud de miedo y de recelo que hay en los intelectuales. Esos dos pensamientos en que se cifra la hostilidad a nuestra santa religión, al presente, son los dos pensamientos siguientes. Por una parte se dice: «La religión cristiana es un anacronismo; la religión cristiana fue una buena religión allá hace diecinueve siglos, hace dieciocho siglos, hace diez siglos, hace cinco siglos; en la Edad Antigua, en la Edad Media, era una buena religión, estaba acorde con los tiempos aquellos. Estaba en uniformidad con el período histórico aquel, pero hoy la religión cristiana es un anacronismo. Los tiempos han pasado, el progreso ha venido, se ha creado una ciencia de la naturaleza, una física, una química, unas matemáticas, una filosofía, una historia natural. Los hombres se han organizado en sociedad, los intereses históricos de la humanidad son muy distintos de lo que eran hace siglos, y hoy día la religión cristiana resulta un anacronismo, está fuera de la actualidad, no es actual». Este es el primer reproche que puede desprenderse de todo este movimiento ideológico moderno.

El segundo es más concreto todavía. Consiste en contraponer lo que se puede llamar el espíritu científico y la religión. Y decir que el espíritu científico y la religión son incompatibles, que la manera de pensar de la ciencia, que ha hecho sus pruebas en tan maravillosos descubrimientos como vienen sucediéndose en estas últimas décadas, que el espíritu de la ciencia es incompatible con el espíritu cristiano, porque entre los dos hay abismos imposibles de llenar. Ese es el segundo reproche que se puede hacer desde el punto de vista heterodoxo a la religión cristiana, y los dos, como veis, muy de actualidad: el uno, el anacronismo histórico de la santa religión cristiana, y el otro, la incompatibilidad del espíritu religioso con el espíritu científico. Solventar estas dos censuras, explicarlas, mostrar su inanidad, mostrar la vanidad completa de sus contenidos sería una tarea muy larga para hecha en esta conferencia, en la cual no quisiera abusar de vuestra paciencia.

En cuanto a la primera, a la acusación de anacronismo, no me parece difícil, sino, por el contrario, sumamente fácil, ir al encuentro de ella y deshacerla. Y sería tanto más fácil deshacerla cuanto que en la doctrina cristiana tenemos los elementos esenciales con los cuales se puede construir una verdadera y auténtica filosofía de la historia. Y si todavía no se ha hecho en la plenitud de su sistema es porque acaso los espíritus católicos estén preocupados todavía con otros problemas más urgentes, pero puede hacerse fácilmente. Porque, decidme: ¿no están en el acervo de nuestra santa religión las ideas fundamentales que pueden llevar a un esclarecimiento de la historia? Ahí están; sin duda, algunas están. Por ejemplo, el esquema material de la historia humana se encuentra perfectamente dibujado en la Santa Biblia desde la creación del mundo, pasando por el momento sublime de la salvación de la humanidad por Cristo, hasta el último día, en que los hombres desciendan al seno eterno de donde salieron desde la eternidad misma. Ese esquema, en tres partes, magnífico y grandioso, que recoge el tiempo y su sucesión en un ritmo del suceder, del acontecer, de una inteligibilidad y de una claridad sorprendentes, nos puede dar el esquema material de la historia misma.

Pero luego, además, ¿no tenemos también en los tesoros de nuestra sagrada doctrina la idea fundamental de la perfección del hombre como el ideal impuesto por nuestro Señor Jesucristo, cuando dice: *«estote perfecti»*, «sed perfectos»? Pues esa perfección del hombre como ideal es el motor de la historia, es el elemento que hace que el hombre, en esta tierra, se esfuerce por todos los medios en conservar y acrecentar continuamente sus propias perfecciones y vayan acumulándose en el proceso de la perfección humana todas las labores de las generaciones sucesivas.

También tenemos en el acervo de nuestra religión ese segundo ideal que nos daría la posibilidad de definir el motor de la historia. Y, por último, ¿no tenemos también en los tesoros de nuestra santa doctrina la idea fundamental de lo que es y debe ser continuidad histórica? ¿Acaso nuestra doctrina cristiana, que desde diecinueve siglos viene siendo, al mismo tiempo, la misma siempre y, sin embargo, siempre acomodada a las necesidades de cada época, siempre idéntica a sí misma y siempre nueva para los espíritus en cada momento, no nos proporciona, digo, el tercer elemento de una filosofía de la historia, que es el elemento de la tradición? La tradición es el nervio de la historia; sin la tradición no puede haber historia, y la historia no es otra cosa, repito, que la tradición misma viviente, no muerta, sino viviente, porque la historia —señores— no podría, de ninguna manera, comprenderse, sería ininteligible para los hombres, y siendo ininteligible sería vanamente irreal, si no fuese la historia una tradición continua que, sin dejar de existir, continúe existiendo siempre en renovación. ¿Acaso va a ser la historia una serie de revoluciones sucesivas? ¿Va a ser el hombre un ente que cada día renace de sus cenizas completamente nuevo? No. En la tradición, que es el nervio de la Santa Iglesia y que es el nervio de la historia humana, encontramos un tercer elemento, que, junto con los dos anteriores, constituiría la base inequívoca de una filosofía de la historia cristiana, capaz de incorporar a los ojos de todos los intelectuales la religión cristiana en el raudal del espíritu histórico.

Pero no puedo extenderme por más tiempo en esta primera censura que en el campo de los intelectuales se lanza sobre la religión cristiana. Algo más me vais a permitir que me detenga en la segunda censura, en la supuesta contradicción entre el supuesto científico y el supuesto cristiano. Dicen nuestros intelectuales, nuestros queridos intelectuales, que hay una contradicción entre el espíritu científico y el espíritu religioso. Y lo demuestran señalando algunos puntos esenciales en que esa contradicción supuesta se hace patente. Por ejemplo, nos dicen: el espíritu científico es un espíritu de objetividad, que se refiere única y exclusivamente al conocimiento de las cosas cognoscibles y de las que están en este mundo. En cambio, el espíritu religioso es un espíritu que se lanza al conocimiento imposible de las cosas trascendentes, de las cosas que están más allá de este mundo. Esta pretensión de conocer las cosas de mas allá de este mundo revela la incompatibilidad entre el espíritu científico y el religioso.

Nos dicen también: el espíritu científico concatena los fenómenos mediante sucesiones de causas y efectos, considera lo que existe como los efectos de lo que existió antes, y fija esas concatenaciones causales en las leyes de la naturaleza, leyes férreas, a las cuales todo cuanto acontece tiene que someterse. En cambio, el espíritu religioso llena el mundo de intenciones, de finalidades. Supone que un espíritu o varios espíritus creadores y rectores dirigen a su capricho el suceder de los acontecimientos. Esta manera de pensar es diametralmente opuesta al espíritu científico y mientras la manera de pensar religiosa se asiente en el mundo, el espíritu científico no puede, de ninguna manera, convivir con él. He aquí otro segundo punto en que se nos revela la supuesta incompatibilidad de ambos espíritus.

También se dice: el espíritu científico es un espíritu de libertad; en cambio, el espíritu religioso es un espíritu de sujeción. El espíritu científico está basado en la libre emisión del espíritu individual; en cambio, el espíritu religioso está basado en la sujeción a la fe, en la sujeción de la razón a la fe. El espíritu científico, se dice, pone la razón como único criterio de toda la realidad. En cambio, el espíritu religioso, se dice, sujeta a la razón a las exigencias de la fe. No cabe mayor incompatibilidad, se afirma. He aquí unos cuantos ejemplos en que esas contradicciones entre el espíritu científico y el espíritu religioso se hacen patentes, y estos ejemplos no os son desconocidos, los conocéis muy bien; los habéis oído decir muchas veces. Es la monserga de todos los días, y no creáis que voy a entretenerme en refutarlos. No, porque vosotros los habéis refutado ya al mismo tiempo que yo los he emitido.

No me voy a entretener en refutarlos. Voy a pasar a la ofensiva. Voy a encararme ahora con el espíritu científico. Voy a preguntarme en qué consiste ese espíritu científico y cuáles son los postulados ideológicos sobre los que se basan esas censuras que el espíritu científico dirige al espíritu religioso. Cuáles son los supuestos en que se fundamentan esas censuras. Voy a poner de manifiesto esos supuestos y voy a mostrar la inanidad de la hipótesis metafísica sobre la que el espíritu científico se funda. Voy a mostrar que esa hipótesis metafísica es radicalmente falsa, y que por eso es por lo que el espíritu científico hace al religioso esas censuras y esos reproches completamente faltos de toda fundamentación.

No debemos los católicos estar en esto a la defensiva. Hemos estado mucho tiempo a la defensiva, debemos pasar ahora a la ofensiva, a la ofensiva filosófica, tanto más cuanto que la evolución natural y propia de las ideas filosóficas al presente viene como por milagro, no por milagro, por designio bondadosísimo y profundo de la Providencia, viene al encuentro de una nueva filosofía sana, fundamentalmente capaz de mostrar la armonía profunda que existe entre la religión y la ciencia.

Pues bien, ¿en qué consiste el decantado espíritu científico? Consiste, en primer lugar, en lo que los científicos llaman la *objetividad*, porque se les llena el pecho con esta palabra de objetividad. Dicen: el espíritu científico es espíritu de objetividad, es decir, de sumisión a lo que el objeto es. Cuando nosotros tenemos que decir lo que algo es, el espíritu científico consiste en someterse pasivamente al objeto, dejar que el objeto impresione al pensamiento y que el pensamiento se limite a reproducir exactamente la estructura del objeto mismo. Y a eso llaman objetividad. El espíritu científico consiste en no suponer en las cosas que se estudian otros ingredientes que aquellos que en ellas están de verdad. Consiste en evitar toda apriuridad, consiste en evitar todo apriorismo, todo prejuicio, todo juicio anticipado; consiste en llevar al estudio de las cosas un ánimo puro, un ánimo dispuesto a no decir de las cosas más que aquello que las cosas muestren ser. Y ese espíritu de objetividad se documenta en los dos métodos fundamentales que la ciencia moderna conoce y practica. El método de experimentación y el método de la intuición intelectual. El espíritu científico nos dice: debemos conocer las cosas teniendo de ellas una experiencia directa, guardando con ellas una relación empírica, tocándolas, viéndolas, determinándolas, midiéndolas. Así es como las conoceremos bien.

Todos los objetos de la física, de la química, de la historia natural, todos los objetos materiales pueden conocerse de esa manera. Pero también los objetos matemáticos debemos conocerlos por una intuición directa del espíritu; debemos representarnos las figuras geométricas, las cantidades impuras y mixtas. Debemos representarnos los objetos matemáticos en la objetividad de una imaginación de la cual nuestra persona está absolutamente alejada. Debemos, pues, por intuición de las esencias matemáticas y por experimentación directa de las esencias materiales, conocer con plena objetividad, y nada más que con objetividad. La objetividad es el primero de los caracteres del espíritu científico.

El segundo de esos caracteres lo podríamos llamar *cuantificación de la realidad*. El espíritu científico quiere ser no solamente objetivo, sino, además, exacto. ¿Y cómo se logra esa exactitud? No hay más que una manera, según el espíritu científico, de lograr la exactitud. Consiste en la medida, en someter el objeto material a las matemáticas. Cuando un objeto material puede ser convertido en matemáticas, entonces podemos tener de él un conocimiento exacto; mientras no podamos convertir a la cualidad en cantidad mensurable no tendremos conocimiento científico. Verbigracia: Se trata de conocer el calor; pero mientras el calor no sea más que una cualidad que sintamos nosotros con nuestros órganos de percepción sensible, el calor no es objeto científico. Decimos: tengo mucho calor, hace calor, hace frío, nada de eso es exacto, luego nada de eso es científico. Pero llega un momento que en la historia de la ciencia se descubre un modo de medir con toda exactitud el calor, se descubre el termómetro, se aplica la propiedad de que los cuerpos son dilatados por el calor y se mide la longitud de los cuerpos en función del calor, y entonces se tiene la exactitud acerca del calor y se constituye la ciencia llamada termología, parte de la física.

Esta exigencia de exactitud es, junto con la anterior exigencia de objetividad, otro de los síntomas característicos del espíritu científico. El espíritu científico es espíritu de exactitud, y para lograr la exactitud no tiene otro medio que aplicar las matemáticas a la realidad. Cuando de alguna realidad no pueda hacerse aplicación de las matemáticas, entonces el espíritu científico declara que de esa realidad no puede haber conocimiento científico, porque como no puede someterse a las matemáticas, el conocimiento de ellas no puede ser científico. Y así tenemos que nuestros conocimientos son científicos, verdaderos, seguros y sólidos, en tanto en cuanto están juntos a las matemáticas; y en aquellas partes en que no están unidos con las matemáticas aspiran a estarlo, y eso es lo que se llama la cientificidad de las ciencias que todavía no han llegado al período matemático. Veis, pues, dos caracteres del espíritu científico: el carácter de la objetividad y el carácter de la cuantificación matemática como medio de lograr la exactitud.

Tercer carácter del espíritu científico: lo llamaremos la *causalidad mecánica*. A consecuencia de los dos anteriores caracteres viene este tercero: cuando el científico se enfrenta con los fenómenos de la naturaleza, es menester que pueda observarlos objetivamente y medirlos matemáticamente. Pero no podría observarlos objetivamente y medirlos matemáticamente si esos fenómenos estuviesen en el fondo movidos por algunas intenciones desconocidas o algunas voluntades incógnitas. Luego también el espíritu científico procurará expulsar de la imagen del universo todo lo que sean voluntades, pensamientos e intenciones, todo lo que sean fines, todo lo que sea teleología, todo lo que sea interpretar los hechos y los fenómenos de la Naturaleza como medios para los fines de una inteligencia superior, de alguna voluntad providente. Todo esto lo considerará el espíritu científico como contrario a sus métodos de objetividad y de exactitud matemática. En cambio, la consideración de los fenómenos como meras secuencias, sucesiones regulables y determinables en número, eso sí que será lo favorable para el espíritu científico. Poder determinar con número, en cantidad definida, que un fenómeno *a* sigue al fenómeno *b*, la ley de sucesión de los fenómenos, o sea, hacer aplicación de lo que llaman los lógicos causalidad eficiente, esa será la mejor garantía que el espíritu científico propugna como único método de conocimiento cierto y verdadero: la conversión del mundo entero y de sus fenómenos en un sistema de funciones infinitesimales. No se trata de que sepáis vosotros matemáticas superiores, pero se llama función a la relación de las variaciones de una cosa en el tiempo y las variaciones de otra cosa en el tiempo, de tal suerte que de las variaciones de la cosa *a*, conocidas, podamos deducir las variaciones de la cosa *b*. Cuando las dos series de variaciones varían la una con relación a la otra, de tal manera que pueda expresarse una fórmula matemática que comprenda todas las variaciones de la una y de la otra, a eso se llama función, y esa función es la única manera con que el espíritu científico pretende apreciar la realidad. Y el ideal del espíritu científico sería convertir el universo entero en un grandísimo sistema de fenómenos donde, conocidas las variaciones de un fenómeno, podamos, por mera aplicación del cálculo infinitesimal, conocer las variaciones de todos los demás fenómenos.

El tercer carácter es, por tanto, el de la funcionalidad mecánica, opuesta a la intencionalidad teleológica, que convierte al mundo en un sistema de causas eficientes contrapuestas a la relación de intención voluntaria, de intención del pensamiento, que convertiría el universo en el lugar donde una voluntad providente decrete y haga cumplir sus mandamientos. Van tres caracteres: objetividad, cuantificación matemática y causalidad mecánica opuesta a la teleología de los fines.

Podríamos añadir un cuarto carácter, que sería propiamente la *técnica*. Propenden también los científicos modernos a decirnos que una proposición tiene carácter científico cuando de ella se pueden obtener aplicaciones técnicas, aplicaciones en la vida práctica. Propenden los científicos a considerar, pues, que todos los descubrimientos teoréticos de la ciencia de la naturaleza deben tener como secuela aplicaciones prácticas en la vida, y, en efecto, el espectáculo que nos ofrece la historia de las ciencias en el siglo XIX parece confirmar ese deseo. Porque tan pronto como algún descubrimiento —el descubrimiento de las corrientes eléctricas, el descubrimiento de la dilatación de los gases...— ha venido a engrosar el acervo de la física moderna, inmediatamente detrás han venido las aplicaciones técnicas que maravillarían hoy a un Aristóteles o a un Platón si por ventura pudieran surgir de pronto y contemplar estos ascensores, estos automóviles, estos aeroplanos, estas máquinas, esta luz eléctrica y estas cosas de que disfrutamos. Con estos cuatro caracteres, aunque podrían enumerarse otros más: objetividad, cuantificación matemática, causalidad mecánica y técnica, podemos considerar ya bastante dibujada la interior estructura de lo que llamaríamos espíritu científico. Y si ahora consideramos de cerca ese espíritu científico, y la imagen que de ese espíritu científico se deriva para el mundo, nos encontramos con una consecuencia sorprendente, y es que la imagen del mundo que del espíritu científico se deriva nos es completamente extraña.

Como de la física, de las matemáticas, de la biología, de la química moderna, la imagen del mundo que se deriva es para nosotros incomprensible, es una imagen donde los colores, sabores, los olores, el peso, la gravedad, todo eso con que vivimos cada día, que constituye nuestra vida de cada momento, todo eso ha desaparecido y, en su lugar, nos ofrece una tabla de logaritmos, nos ofrece unas fórmulas que dicen: *a* más *b* más *c;* en vez del color, nos ofrece una vibración del éter; en vez del sonido, nos ofrecen una vibración del aire; en vez del peso, nos ofrecen una flecha bajando y un numerito o, en teorías mucho más modernas, un sistema de ecuaciones vectoriales. En suma, el espíritu científico ha escamoteado este mundo real en que vivimos, este mundo donde el cielo es azul, donde las nubes son grises y plomizas, donde el corazón del hombre palpita, y ama, y vive, y sufre; donde los colores llenan el ámbito de las cosas, donde los olores embalsaman el ambiente o lo hacen pestífero, donde la vida existe realmente como tal vida. Todo ese mundo de la cualidad lo ha hecho desaparecer el espíritu científico y lo ha sustituido por un mundo de la pura cantidad, por un mundo de átomos, de electrones, de ecuaciones diferenciales, de funcionalidades, un mundo que nos es tan ajeno que no lo comprendemos. Se nos ha llevado la ciencia nuestro mundo, se nos ha dejado sin mundo. Sin duda, la ciencia es exacta y mide con números, pero ha comprado la medida y la exactitud a un precio muy caro, tan caro que los hombres de 1941, los filósofos de 1941, están empezando a decir: Señor, demasiado caro es este precio, porque estas ciencias físico-matemáticas de la realidad serán todo lo exactas que se quiera, pero ya no podemos decir que sea ciencia de la realidad: es ciencia de una realidad manca, mutilada y de una realidad de la que se ha quitado todo lo que es cualidad, vida, todo lo que es color, amor, dolor, profunda palpitación de la existencia, todo eso ha sido arrebatado a nuestra imagen del mundo, y en lugar de esa imagen viva del mundo, en donde los hombres se postran ante Dios levantando la cabeza hacia lo alto, en lugar de eso, nos da unos esquemas matemáticos, y en lugar de la Biblia se nos ofrece una tabla de logaritmos.

¿Y cómo se ha llegado a esta consecuencia monstruosa? Pues a esta consecuencia monstruosa se ha llegado por una aberración filosófica, la aberración filosófica que se cifra en dos proposiciones que me voy a esforzar por explicar con la mayor claridad ante vosotros. En el fondo de todos los pensamientos con que el espíritu científico ha hecho su sistema, en lo más hondo de todos esos pensamientos está el postulado metafísico siguiente: el postulado de que todo lo que existe, todo lo que hay, todo lo que es o, si preferís una sola palabra que englobe estas que acabo de decir, todo el ser, dándole a la palabra «ser» el sentido de todo lo que existe, todo lo que hay, todo lo que tiene realidad de alguna manera; si llamamos ser a todo eso, el postulado científico consiste en decir: el ser es una palabra que siempre significa lo mismo; o, como dicen los filósofos en término técnico —y como aquí alguno habrá que lo entienda, lo voy a decir—, que el ser es unívoco, la univocidad del ser, o sea, que la palabra «ser», cualquiera que sea la relación en que se use, significa siempre lo mismo. Supone, por ejemplo, si tomásemos la palabra «color» en un sentido unívoco, que no habría siete colores, sino que no habría más que un solo color. Siempre la palabra «color» significaría lo mismo; pero la palabra color significa unas veces azul, otras gris, rojo, etc. Pues bien, en el fondo del pensamiento filosófico de estos científicos modernos está la convicción de que la palabra «ser», significando siempre lo mismo, significa siempre ser objeto físico-matemático; y cuando algo como el color, o el olor, o el dolor, o el amor, o Dios, no puede convertirse en objeto físico-matemático, entonces dicen: eso no existe. Porque dicen: el color, el sonido, el amor, el dolor ¿lo puede usted reducir a fórmulas físico-matemáticas? ¿No? Pues entonces no existe. A Dios ¿lo puede intuir como se intuye el sol, la luna, o como se intuye un polígono de x lados con intuición intelectual? ¿No lo puede intuir? Pues no existe. En suma, ellos dan a la palabra «ser» un sentido, y cualquier cosa que nos sea irreductible a ese sentido no merece ser llamada una cosa, un ser, una existencia. No existe. No podemos negar que existe el color, el amor, el dolor, etc., y que el mundo tiene cualidades que no son cantidades, no podemos tampoco negarlo. Pero entonces dice el espíritu científico: si esperamos, con el progreso de las ciencias llegará el día en que lo mismo que el calor, por medio del termómetro, lo hemos cuantificado, el amor también lo cuantificaremos, y llegará un día —y se ha dicho en la filosofía alemana del siglo pasado— en que a Dios lo cuantificaremos también.

Amigos míos, ya hemos llegado aquí al fondo del problema: al espíritu científico de la filosofía idealista le parece lo más natural del mundo la univocidad del ser. Pero hay que preguntarse: ¿es que es así? ¿Es que el ser es un concepto unívoco? Porque no hay motivo para pensar que el ser sea un concepto unívoco. Más bien podría pensarse que el ser no es un concepto unívoco, sino que el ser cambia de sentido según la relación en que se emplee. Y entonces podría decirse lo contrario, podría decirse que el concepto de ser es un concepto equívoco, que tiene un número infinito de sentidos, que la palabra «ser» cambia de sentido en cada momento. Y ha habido en la historia algunos filósofos, pocos, que han dicho que la palabra «ser» tiene un número infinito de sentidos, lo mismo —por ejemplo— que la palabra «gato» significa dos cosas completamente distintas: el animal doméstico, que todos conocemos, unos amamos y otros odiamos, y el aparato con que se levantan los grandes pesos, verbigracia, las ruedas del automóvil para cambiarlas. Lo mismo que la palabra «gato» es equívoca y tiene dos sentidos, la palabra «ser» sería también equívoca y no tendría dos sentidos, sino un número infinito de sentidos; así han dicho algunos filósofos antiguos (por ejemplo, Heráclito) y modernos (por ejemplo, Bergson). La consecuencia de esto es fatal, ya que no podría haber ciencia. Porque si la palabra «ser» en cada momento significa cosa diferente, entonces, si decimos de algo que es no sabemos bien lo que hemos dicho, porque como tiene un número infinito de sentidos no hay sentido alguno a que atenerse. Así, pues, la palabra «ser» puede ser considerada por unos como unívoca; por ejemplo, los filósofos idealistas modernos, el espíritu científico que declara tranquilamente que todo lo que no es reductible a la física-matemática no es. También puede considerarse la palabra «ser» como equívoca; así, por ejemplo, los historicistas que dicen que no hay ciencia posible, que el hombre no puede averiguar nada, porque la idea del ser con la cual el hombre trabaja en cada momento significa cosa distinta, no puede haber ciencia. De estos dos extremos, tan vitando el uno como el otro, tiene que huir la razón humana, porque, por mucho que nos quieran convencer, nunca se nos puede convencer ni de que el ser sea siempre el ser físico-matemático del espíritu científico ni que el ser sea siempre cosa distinta de lo que nos aparece.

En un término medio está en este caso la verdad. La verdad la dijo Aristóteles y, con él, una serie de filósofos que, en vez de considerar el ser como un concepto unívoco o equívoco, lo consideraron como concepto análogo. Y dijeron entonces: la palabra «ser» cambia de significado, pero no absolutamente, sino que posee, unas veces, un significado y, otras veces, otro, dentro de unos límites fijos. Hay el ser físico, el espiritual; el creador y el creado. Hay varias estructuras del ser, y tan ser es la una como la otra, y entonces, nosotros, con este fundamento filosófico, tenemos ya un arma y un elemento muy fuerte para enfrentarnos con el espíritu científico, como decíamos antes, pasando a la ofensiva, y decirle: Espíritu científico, tú, que has forjado tu concepción de las ciencias sobre la idea de una determinada ciencia, que es la ciencia físico-matemática de los fenómenos de la naturaleza, ¿con qué derecho extiendes a las demás ciencias y a los demás objetos, que no son físico-matemáticos, los mismos conceptos del ser que tú tienes de esos objetos? ¿Con qué derecho dices que no hay más ser que el ser físico-matemático? Nada de eso; en una ontología completa, en una ontología racional y verdaderamente humana, tendremos que decir que hay varios apartados del ser, que hay seres físico-matemáticos cuya estructura es, en efecto, tal como el espíritu científico la pinta, cuya estructura es, en efecto, objetiva, exacta, matemática, sometida a posible medición, favorable al descubrimiento de la técnica y las aplicaciones técnicas. Pero junto a ese ser físico-matemático hay otros seres; hay, por ejemplo, el ser espiritual que no es extenso ni mensurable, ni se somete a las matemáticas, y que tiene una estructura ontológica completamente distinta de la que posee el ser físico-matemático. ¿Con qué derecho el espíritu científico se arroga la administración de todos los seres? Administre en buena hora su ser físico, su ser químico, su ser astronómico, que es aquel para el cual tiene sus conceptos hechos; pero los otros seres, los seres espirituales, los seres metafísicos: Dios, el universo en su totalidad, la historia y la vida humana, el amor y el dolor, el placer y todo lo demás, eso no tiene por qué administrarlos la física matemática, y cuando lo quiere administrar como lo ha querido desde el siglo XIX hasta hoy, ha llegado a conclusiones monstruosas. Por ejemplo, los biólogos, seducidos por el canto de sirena de los físicos, se creyeron, a mediados del siglo XIX, que debían extender a la biología la idea de la cantidad, de causalidad mecánica, y destruyeron la idea de la finalidad, y en su lugar llegaron a esa monstruosa teoría de la evolución, de la cual resulta que seríamos nosotros descendientes de la célula primitiva, del escarabajo, por ejemplo, a través del mono o de otras especies. Esa idea monstruosa, hoy día hundida también, porque los propios biólogos han comprendido al fin que el ser del objeto biológico tiene una estructura completamente diferente del ser del objeto físico, y han dicho: nosotros tenemos que poner la idea del fin en biología y no la podemos quitar, y han vuelto otra vez por el buen camino.

Otro ejemplo os voy a poner. Seducidos por el canto de sirena de la filosofía idealista, hubo algunos teólogos hace una porción de años que se dejaron engañar y dijeron: la mejor manera de poner de acuerdo la religión católica con el espíritu científico será aplicar a la religión católica los métodos del espíritu científico. Y dijeron: vamos, pues, a aplicarlos. Pero verán ustedes lo que pasó, fue terriblemente horroroso, espantoso. Porque, claro, entonces tuvieron que decir: Dios no es, sino que nos figuramos que es; es una idea nuestra, es una necesidad de nuestro espíritu, es una necesidad psicológica nuestra y nosotros nos forjamos la idea de Dios y hacemos como si Dios existiese. Cristo no es, pero tenemos la necesidad de un hombre que sea nuestro modelo, hacemos como si fuese. La idea de la evolución la vamos a aplicar también a la religión, y así concebimos cómo de aquellos infelices teólogos que se dejaron seducir nació lo que se ha llamado el modernismo, que fue solamente un intento ingenuo de agachar la cabeza ante la actitud arrogante del espíritu científico, en vez de hacerle lo que yo le hago: la contraofensiva; en vez de ir contra él se dejaron acoquinar y dijeron: Pues nada, no se enfade usted, querido espíritu científico; ahora nosotros vamos a hacer una religión que va a estar perfectamente acomodada al espíritu científico; y claro, la hicieron, pero una religión que niega la existencia de Dios y de Cristo anulará por completo la religión. Afortunadamente, la Iglesia tiene vigilantes siempre atentos, y gracias debemos dar a Dios que nuestra Santa Sede, siempre atenta a salvaguardar la pureza de la fe, advirtió muy pronto el peligro y derribó aquella tentativa y siguió existiendo la religión en toda su pureza. Ya casi nadie hay en el mundo intelectual que se deje imponer por la orgullosa fachenda del llamado espíritu científico. Hoy ya comprendemos bien cuál es el truco interior en que está basado. Y vemos con ello cómo el espíritu científico, en el fondo, no es científico, le falta esa famosa objetividad que tanto pregona, porque el verdadero espíritu científico es el que se somete a la realidad misma, el que no pretende imponer con el pensamiento propio, imponer a la realidad los caracteres que ella haya de tener; y si entonces nos colocamos en esta actitud sincera y totalmente objetiva, tendremos que reconocer que la estructura interna de un modo de ser como el espíritu, y el modo de ser metafísico o histórico, son estructuras internas irreductibles por completo al tipo físico-matemático que ha servido de base al llamado espíritu científico.

El espíritu científico no es, por consiguiente, incompatible con la religión. ¿Cómo va a ser imposible que la física sea verdad y la religión sea verdad al mismo tiempo? No, no puede ser imposible; la física es verdad en cuanto física, pero si la física quiere convertirse en filología, ya no es verdad. Si la teología quisiera convertirse en física, ya no sería verdad; si la teología quisiera decir, por ejemplo, que los cuerpos caen según una ley que Dios determinará en cada caso, eso sería ignorancia. No; los cuerpos caen según la ley de la gravitación universal. Cada cosa de las que existen tiene su tratamiento cognoscitivo propio, y entonces la armonía entre la ciencia y la fe es completamente clara; entonces se verifica una vez más y con toda propiedad las palabras de santo Tomás, cuando, comparando la religión y la razón, la fe y la razón, afirma que es absolutamente imposible que haya no ya contradicción, sino la más mínima divergencia entre la una y la otra, porque la verdad no puede tener dos caminos.

Ya hemos llegado con esto, señores, a lo último. ¿Qué ha pasado en la filosofía moderna? Pues una cosa muy sencilla y profunda de tan sencilla. La filosofía moderna ha confundido el ser con la verdad. La verdad es una. No hay más que una verdad, porque la verdad no es más que la adecuación de lo que nosotros pensamos con lo que la cosa es. Cuando pensamos acerca de la cosa lo que la cosa no es, no pensamos la verdad. En cambio, hay varias clases de seres, y el error del idealismo moderno es confundir el ser con la verdad y decir: el ser es uno porque la verdad es siempre una, y aquí está el error. La verdad es una, pero el ser no es uno, sino que es análogo, y hay que distinguir el ser de la materia del ser del espíritu; la materia, la riqueza, el dinero, nosotros no podemos darlo a otros sin privarnos de él, pero el espíritu podemos dar todo el que queramos, que nunca por ello tendremos menos. El que tiene diez pesetas y da cinco se queda con cinco; en cambio, el que tiene espíritu y da espíritu no por eso tiene menos espíritu. El que sabe la verdad y la enseña no pierde nada; el que da una moneda la pierde; el que da a otro un buen consejo no pierde nada.

Ahora que ya hemos visto los orígenes del error del espíritu filosófico moderno, podemos ya ir tranquilamente a nuestros queridos hermanos los intelectuales y decirles: No tengáis miedo a la fe, porque entre la fe y el espíritu científico no existe, ni mucho menos, esa divergencia que el siglo XIX ha venido cantando. La divergencia existe solo entre esa filosofía estrecha, obtusa, del idealismo y el espíritu religioso, pero es porque esa filosofía del idealismo es radicalmente falsa; nosotros los hombres de religión y de fe no queremos nada malo para la ciencia, que siga la física siendo lo que es, llenándonos de descubrimientos y de técnica. Dios lo querrá y si Dios no lo quiere sus designios tendrá para no quererlo. No queremos hacer ningún daño a la ciencia, pero no queremos que la ciencia sustituya a nuestra fe, que avasalle a la religión, porque no tiene derecho a ello.

Hermanos intelectuales, pensadlo bien. No tengáis miedo a la fe, que no hay, no puede haber entre la fe y la ciencia ningún abismo. Por eso me complace tan profundamente esta Institución que propaga por doquiera la cultura religiosa. No hay nada más bueno que esa propagación de la cultura religiosa, primero por vosotros mismos, porque vosotros mismos, llenando vuestras almas de sólida fe, íntima caridad y esperanza, llenaréis vuestras almas si las alimentáis con un conocimiento profundo de las verdades de nuestra religión y de sus fundamentos racionales. Por eso, para nosotros mismos los católicos, un Instituto de Cultura Religiosa es algo de una necesidad grandísima, y yo felicito con toda la efusión de mi alma a los que en esta Diócesis, y en primer lugar a su promotor el señor Obispo, están dando un ejemplo tan admirable de esta cultura religiosa; pero además sabed que con esto hacéis una obra profundamente caritativa, porque ayudáis al fin de la Iglesia que está rondándoles alrededor de las almas, y a que el silbo del Pastor que están oyendo en sus oídos se haga por fin patente en los corazones de estos hombres. No les falta más para abrazar la religión, les falta un empujoncito. Les falta no tener vergüenza, no tener miedo a la fe, no creerse que con abrazarse a la fe van a tener que renunciar a las verdades racionales de la ciencia. No. Las verdades de la ciencia en su sitio, la fe en el suyo, la religión cubriendo con su manto toda la vida humana, pero, como una provincia especial de la vida humana, la labor del científico.

No tengan miedo los intelectuales, y vosotros, al propagar por doquiera la cultura religiosa, al hacer saber que las verdades sobrenaturales no son contrarias ni opuestas a las verdades científicas físico-matemáticas, hacéis un beneficio y una obra de caridad de extraordinario valor, y Dios os la premiará. Y de ellos, si alguno recibe al fin el golpe de la gracia, al cual irremisiblemente hay que rendirse, contra el cual no se puede rebelar, porque está la mano de Dios y la mano de Dios se percibe con la misma claridad con que se perciben estos dedos ante nuestros ojos, cuando reciban el golpe de la gracia, no podrán, no tendrán con qué resistir a este golpe, y no solamente haremos de esa manera una obra que redunda en mayor gloria de Dios, sino una obra de amor y de caridad, porque esos hombres que hoy viven una tragedia espantosa, desorientados, deshechos, sin saber qué pensar, qué creer, sin saber qué camino seguir, qué conducta encontrar, esos hombres encontrarán la paz del alma, esa paz del alma que le hace a uno duro y firme como una roca, delante de la cual pueden levantarse y caer los imperios, sucederse los hechos, temblar la tierra y hundirse el universo. Cuando uno está seguro de sí mismo, seguro de lo que cree y piensa, seguro de lo que ama y quiere, seguro en la presencia de Dios, puede entonces, con la luz de los ojos llenos de la luminosidad eterna, encontrar en estos momentos brevísimos algún atisbo de la eternidad y decir: «Dios, te doy gracias por haberme dado tu fe».

IV.
ANÁLISIS ONTOLÓGICO DE LA FE[1]

En la presente lección intentamos llevar a cabo un análisis ontológico de la fe. Explicaremos primero nuestro propósito.

CUATRO ASPECTOS DEL ACTO DE FE

La fe puede entenderse como virtud o como acto. Prescindimos en este estudio de la fe como virtud, para limitarnos exclusivamente al «acto de fe». Ahora bien, el acto de fe es un acto complejo, es decir, que consta de varios elementos. El análisis puede descomponerlo y

---

[1] Conferencia en la Universidad de Oviedo, durante el curso de verano de 1942. Texto publicado por vez primera en: Manuel García Morente y Juan Zaragüeta, *Introducción a la Filosofía*. Madrid, Espasa-Calpe, 1943, págs. 173-191.

hacernos descubrir que el acto de fe está hecho de elementos psíquicos, de elementos lógicos y de objetos reales. Por consiguiente, el acto de fe interesará, por su complicada estructura, a tres ciencias filosóficas: a la psicología, a la lógica y a la ontología (teoría de los objetos reales). Mas, por otra parte, los objetos que en el acto de fe propiamente dicho aprehendemos son unos objetos muy particulares; pertenecen a una especial modalidad de la realidad, que puede llamarse la realidad sobrenatural o realidad divina. Por este lado, pues, el acto de fe interesa también a la ciencia de la realidad sobrenatural o divina, cuyo nombre es teología. Son, pues, cuatro las facetas que el acto de fe presenta, dando cara a cuatro ciencias distintas: la psicología, la lógica, la ontología y la teología. En la unidad de su esencia, el acto de fe plantea, pues, problemas en gran número de direcciones diversas. Puede estudiarlo el teólogo, y lo estudia, de hecho, como fundamento primordial de la disciplina teológica, la cual es acto válido de conocimiento objetivo. Puede también estudiarlo el psicólogo, como acto subjetivo del alma, e indagar si es acto de todas las almas o de algunas tan solo, y de cuáles. Puede estudiarlo asimismo el lógico, para buscar el fundamento de validez que quepa conceder a las afirmaciones de la fe. Por último, puede considerarlo el metafísico u ontólogo, en cuanto a la índole de la realidad u objetividad sobre que recae. En el estudio completo del acto de fe tendrían, pues, que colaborar amistosamente esas cuatro ciencias: la psicología, la lógica, la ontología y la teología. Las tres primeras pertenecen, empero, al conjunto de disciplinas que generalmente se llama filosofía. El acto de fe nos ofrece, pues, un tema, en el cual se verifica, por modo ejemplar, la antigua concepción de la filosofía como ciencia auxiliar o propedéutica de la teología. Sin tan lindos eufemismos, decían llanamente los antiguos que la filosofía era la sierva o criada de la teología, *ancilla theologiae*. Pero desde hace unos tres siglos la filosofía llamada moderna se ha emancipado, por decirlo así, y rebelado contra la ciencia de Dios y la ataca en su base misma, negándole su objeto, poniendo en entredicho su posibilidad y realidad objetivas. ¿Por qué la filosofía «moderna» juzga inválido el conocimiento de Dios? ¿Por qué niega la validez objetiva del acto de fe? ¿Cuál es el germen primordial de esa su actitud negativa? Preparar la contestación a estas preguntas es el objetivo principal de la presente lección.

EL OBJETO Y EL ACTO EN LA FE

En el acto de fe debemos distinguir ante todo el *acto*, por una parte, y el *objeto*, por la otra. Como fenómeno psíquico, el acto de fe es intencional, es decir, se refiere a un objeto, recae sobre un objeto. Ha sido quizá la principal aportación de Brentano a la filosofía actual esta caracterización del fenómeno psíquico como intencional, es decir, como acto subjetivo referido a un objeto o recayente sobre un objeto. Una cosa es el pensamiento y otra lo pensado por el pensamiento; una cosa es la volición y otra lo querido por la volición. Todo pensamiento es pensamiento de *algo;* toda sensación es sensación de *algo;* todo deseo, toda aspiración, toda volición son deseo de *algo,* aspiración de *algo,* volición de *algo.* Y ese *algo* pensado, sentido o querido no puede confundirse ni identificarse con el acto subjetivo de pensarlo, sentirlo, quererlo. Ese algo es el objeto intencional del fenómeno psíquico o, por mejor decir, del acto. Con esta sencilla averiguación, evidente de suyo, queda eliminado, a mil leguas del horizonte intelectual, ese vago y desconcertante «subjetivismo» que amorosamente cultivaron, como nido de bien halladas confusiones, muchos filósofos modernos.

El acto y el objeto hállanse, pues, el uno frente al otro. El acto de fe recae sobre un objeto. Y el recaer sobre un objeto le es esencial. Si no hay objeto sobre el cual incida el acto, no hay tampoco acto de fe. Pueden ser, pues, dos las causas que anulen o aniquilen el acto de fe: o que el acto se quede sin objeto, o que el objeto se quede sin acto. Dicho de otro modo: o que quiera el hombre verificar el acto de fe, pero no encuentre objeto sobre el cual pueda hacerlo recaer, o que, habiendo objeto sobre el cual pueda el acto recaer, no quiera el hombre verificar el acto de fe. Así, por ejemplo: si ante el juez se presenta a declarar un testigo, a quien, por las razones que fuera, el juez está dispuesto a creer, y este testigo no declara nada concreto, el juez no puede verificar acto de fe porque no hay materia sobre que recaiga este acto. Inversamente, si ante el juez se halla una declaración terminante y concreta prestada por un testigo a quien el juez, por las razones que fuera, no está dispuesto a creer, entonces el juez no verifica acto de fe, aunque haya objeto sobre el cual pudiera este acto recaer.

Requiérese, pues, para que haya acto de fe, la confluencia del acto y del objeto. El acto lo pone el sujeto pensante. En cambio, el objeto lo halla el sujeto ante sí, no lo pone por sí mismo; pues si lo pusiera por sí mismo, no sería ya el objeto, sino una posición de sujeto, pertenecería al acto, no al objeto del acto. Mas una vez que confluyen en un punto el acto del sujeto y la realidad del objeto, procediendo de opuestos orígenes cada una, ¿cómo se abrazan y juntan para constituir el acto de fe?

En primer lugar, se abrazan y juntan de esta manera: que el acto consiste en asentir al objeto. Asentir al objeto es decir que sí al objeto, afirmar el contenido del objeto. Pero esto no distinguiría el acto de fe de cualquier otro juicio, porque en todo juicio hallamos siempre un acto de asentimiento a un contenido ideal opuesto. ¿Qué diferencia hay, pues, entre el acto de asentir al objeto cuando es juicio y cuando es acto de fe? Hay la siguiente diferencia: que en el asentimiento del juicio a su objeto, la causa del asentimiento se halla en el carácter de «evidente» que tiene el objeto, mientras que en el acto de fe asentimos a un objeto que no tiene ese carácter de evidencia. Por ejemplo, en el juicio: dos y dos son cuatro, el acto del juicio consiste en la afirmación y el objeto del juicio consiste en «dos y dos son cuatro». Mas si yo afirmo, es decir, si verifico el acto, es porque el objeto: dos y dos son cuatro, es evidente. En cambio, en el acto de fe el objeto no es evidente. Así, por ejemplo, si verifico el acto de fe constante en creer que Dios es uno en esencia y trino en personas, afirmo, o sea, verifico el acto; pero la afirmación recae sobre un objeto —la trinidad, unidad— que no es evidente. Mas en seguida se preguntará: ¿y qué es evidencia?

EVIDENCIA E INEVIDENCIA

Prescindiendo aquí de la discusión, posiblemente complicada, a que diera lugar el planteamiento del problema lógico de la evidencia, digamos simplemente que la evidencia es la *presencia integral* del objeto ante mí, en mi intuición intelectual. Entiendo por presencia integral ese modo de estar el objeto ante mí que consiste en ofrecerse a mi intención él mismo —y no un sustitutivo o representante suyo— y en toda su integridad —sin faltarle nada, sin ser mero fragmento— y en total desnudez, sin velos que oculten su interior esencia y estructura íntima. Cuando todo esto se cumpla, está el objeto en presencia integral ante mí y tengo intuición de su evidencia. Veo al objeto, ante mí, por dentro y por fuera; lo conozco tal como es, de suerte que no puedo concebir como posible que el objeto no sea, y no sea precisamente lo que es. Así, cuando pienso: dos y dos son cuatro —o veo que este papel es blanco—, tengo intuición de la evidencia de estos objetos. En cambio, cuando pienso en el dogma de la Santísima Trinidad, creo y, por tanto, sé que es verdadero, pero no tengo la intuición de su evidencia.

Asentir al objeto evidente, o del que tengo intuición de evidencia, parece, empero, un acto inevitable. Aunque yo quisiera, no podría dejar de verificarlo. Serme evidente la intuición del objeto es, automáticamente, afirmarlo, es pronunciar el juicio, es verificar el acto de conocimiento del objeto. No interviene aquí la voluntad. Yo no puedo no afirmar lo evidente, si verdaderamente me es evidente. En cambio, cuando asiento a un objeto no evidente, ha tenido que intervenir necesariamente algo que, no siendo parte del objeto mismo, haya inclinado mi voluntad a verificar el acto de asentimiento. Al colocarme yo ante el objeto e intuir su inevidencia, esta me impele a no afirmar el objeto. Si, pues, a pesar de esto, afirmo el objeto, ha de ser porque algo ajeno al objeto mismo y al acto de afirmarlo o de negarlo me inclina a ello. Ejemplo: si levanto la cabeza y veo ante mí a mi amigo Juan, tengo intuición de evidencia del objeto llamado mi amigo Juan; y verifico el acto de juicio consistente en afirmar que aquí está Juan. Pero si Juan me dice que nuestro común amigo Pedro está enfermo, yo no tengo intuición de evidencia de Pedro enfermo; no está ante mí en presencia integral el objeto: Pedro enfermo. Entonces, si a pesar de esta inevidencia creo que, en efecto, Pedro está enfermo, será por algo que se haya añadido a mi intuición actual de la evidencia. Verificaré el acto de fe de creer que Pedro está enfermo porque me lo ha dicho Juan. Este «porque me lo ha dicho Juan» es el elemento nuevo que se añade para inclinarme a afirmar el objeto, del cual no tengo intuición evidente. En el acto de fe, la afirmación del objeto no se funda, pues, en la evidencia del objeto mismo —evidencia inexistente—, sino en otra cosa, ajena al objeto y a mí. Esta otra cosa no mueve directamente mi entendimiento a la afirmación del objeto, sino que persuade mi voluntad para que esta verifique el acto del entendimiento de asentir al objeto no evidente. ¿Qué cosa es esa que pone en movimiento la voluntad de asentir intelectualmente?

Acabamos de insinuarlo cuando hemos dicho que el elemento nuevo, descubierto por el análisis, está en esa frase de nuestro ejemplo: «porque me lo ha dicho Juan». El elemento nuevo es una persona que me lo dice y en quien yo confío. Si en el acto de fe yo asiento a un objeto inevidente como si fuera evidente, es porque la inevidencia del objeto está compensada por la declaración de otra persona, a quien concedo crédito. Para que haya acto de fe hace falta, pues, que haya una declaración o una revelación que parte de otra persona y llegue a mí. Esa persona y su declaración o revelación han de poseer, empero, «autoridad»; es decir, que debe haber motivos y razones extrínsecas y generales que me impulsen a creer lo que declara esa persona, aunque ello no me sea evidente. Así, a mi amigo que me dice que Pedro está enfermo le creo, porque mi amigo tiene autoridad, pues viene precisamente de casa de Pedro. Al astrónomo, que me dice que a las doce y quince habrá un eclipse de sol, le creo, porque el astrónomo tiene autoridad en cuestiones de eclipses. En el acto de fe tenemos, pues, un asentimiento que viene impulsado por la voluntad, en vista de la declaración de una persona revestida de autoridad.

AUTORIDAD RELATIVA Y ABSOLUTA

Es posible descubrir grados en la fuerza con que la declaración de la persona impulsa la voluntad a verificar el acto de fe. O, dicho de otro modo: el poder persuasivo de la declaración es variable. ¿De qué depende? Principalmente de tres factores: de la persona declarante, de la declaración misma y de la relación entre la declaración y la persona. La persona declarante, independientemente de lo que concretamente declare, puede tener más o menos «autoridad», o sea, dignidad de ser creída. Puede ser, por ejemplo, hombre romo de inteligencia, mal observador, olvidadizo, distraído, mentiroso, etc... Hay toda una serie de propiedades y virtudes —o vicios y defectos— intelectuales y morales que calibran la autoridad de la persona. Pero, además, la autoridad personal del declarante varía en relación con la cosa declarada. Una persona que en sí misma tiene poca autoridad, porque es conocidamente olvidadiza o mentirosa, verá su autoridad muy aumentada si los objetos de sus declaraciones son cosas pertenecientes a su oficio o especialidad científica o profesional. En cambio, una persona de mucha autoridad propia que haga una declaración sobre cosas de las cuales no entiende nada, verá notablemente disminuida su autoridad personal en este caso concreto. Por último, el contenido mismo de la declaración, considerado aisladamente y sin relación con la persona declarante, puede contribuir al aumento o disminución del crédito que concedamos a la declaración, o sea, de la autoridad que le prestemos. Una declaración precisa, minuciosa, de líneas bien definidas, pero dada por una persona de poca autoridad propia, adquiere mayor autoridad, por la índole intrínseca de la declaración, que otra declaración vaga, imprecisa y borrosa, hecha por una persona de mucha autoridad propia. La declaración de un objeto inverosímil o, en su esencia, contradictorio no tendrá autoridad, aunque la persona que lo haya hecho disfrute personalmente de una autoridad muy grande. Estas relaciones estructurales —fenomenológicas— entre la fuerza persuasiva de la declaración y sus circunstancias personales intrínsecas constituye la base esencial de la llamada crítica histórica. Y también nos explica la razón de por qué hay tanta variedad en la gradación de la fuerza con que verificamos los actos de fe. A cada momento estamos verificando actos de fe. Cada pregunta que hacemos prepara el acto de fe en la respuesta que va a sobrevenir. Los periódicos, los libros que leemos, los oradores que escuchamos, las noticias que recibimos, son otras tantas declaraciones sobre las cuales verificamos actos de fe. Sin los innumerables actos de fe que cada día verificamos no podríamos literalmente vivir. La vida del hombre se alimenta esencialmente de actos de fe. Y, entonces, preguntamos: ¿por qué la filosofía llamada moderna ataca tan denodadamente el acto de fe?

Precisamente a contestar esta pregunta va encaminándose poco a poco nuestra investigación. Continuando la cual, debemos ahora advertir que no concedemos el mismo valor a todos los innumerables actos de fe que a cada instante verificamos. Unas veces concedemos crédito completo a una declaración; otras veces la aceptamos con dudas y reservas; otras veces la tenemos por sumamente improbable y casi no creemos en ella. Estas diferencias en el crédito —o fe— que concedemos a las diferentes declaraciones dependen, como hemos visto, de la autoridad personal del declarante, de la autoridad del declarante relativamente a lo declarado y también del contenido mismo de la declaración. Pero supongamos que nos encontrásemos ante una declaración verificada por un declarante de autoridad absoluta. ¿Qué sucedería? Consideremos bien lo que quiere decir que la autoridad de tal declarante sea absoluta. Absoluto es lo contrario de relativo. Por consiguiente, autoridad absoluta será una autoridad que: 1.º No puede concebirse otra mayor. 2.º No puede cambiar —aumentar, disminuir, alterarse cuantitativa ni cualitativamente— por ninguna circunstancia intrínseca a la declaración o extrínseca a ella. Si nos encontrásemos, pues, ante una declaración verificada por un declarante de autoridad absoluta, tendríamos necesariamente que prestarle el máximo posible de crédito o de fe. Y aunque el contenido mismo de la declaración fuese para nosotros superlativamente oscuro, incomprensible, inevidente, tendríamos que prestarle el mismo grado máximo de crédito o de fe. Pues si la autoridad del declarante es «absoluta», esta autoridad es invariablemente la mayor concebible —infinita— y no se altera en más o menos porque el contenido de la declaración sea más o menos inteligible, verosímil, etc. Solo habría un caso en que pudiera no acontecer esto; sería el caso en que el contenido de la declaración fuera una contradicción pura y simple, como si esta autoridad absoluta declarase que existen círculos cuadrados. Pero este caso no puede darse, porque una persona de autoridad «absoluta» no puede emitir una declaración de contenido contradictorio. Precisamente cuando algún «hombre» muy lleno de autoridad emite una declaración de contenido inverosímil, muy extraño o difícilmente compatible con nuestra experiencia científica, lo que sucede es que esta declaración «disminuye» la hipotética gran autoridad personal del declarante, hasta el punto de inclinarnos a veces a reducirla a cero y decir —o pensar— que el declarante «se ha vuelto loco». Pero si el declarante —por definición— no puede haberse vuelto loco, siendo como es autoridad «absoluta», entonces no podemos de ningún modo admitir ni que haga declaraciones contradictorias ni que las declaraciones que haga, por muy oscuras e incomprensibles que sean, no sean verdaderas. O dicho de otra manera: Dios es el declarante de autoridad absoluta. Luego, primero: no puede declarar nada que sea en sí contradictorio; segundo, a las declaraciones de su autoridad absoluta no podemos asentir con menos que con un crédito o fe absolutos.

Con esto tenemos ya una base para la clasificación de los actos de fe: una base personal. Podemos clasificar los actos de fe según la clase de autoridad de que goce la persona declarante. Y tendremos: aquellos actos de fe que verificamos en vista de declaraciones hechas por el declarante de autoridad absoluta, Dios, y aquellos actos de fe que verificamos en vista de declaraciones hechas por declarantes de autoridad relativa, los hombres. Actos de fe religiosa, actos de fe humana. Distínguense los unos de los otros por la índole, absoluta o relativa, de la autoridad que empuja nuestra voluntad a prestar el asentimiento al objeto inevidente. Para nuestro propósito, en este estudio, no es interesante proseguir el análisis de este principio de clasificación de los actos de fe. En cambio, sería, sin duda, importante el descubrir otro principio de clasificación de esos mismos actos de fe que estuviese basado no en la autoridad del declarante, sino en el objeto mismo de la declaración. Intentemos descubrirlo.

INEVIDENCIA RELATIVA Y ABSOLUTA

¿En qué relación está el objeto del acto de fe con nuestra persona humana, es decir, con nosotros, los hombres, que verificamos esos actos de fe? Ya hemos visto que en el acto de fe es esencial que el objeto sea inevidente. Si fuera evidente no habría acto de fe, sino juicio de razón. Ahora bien, ese objeto inevidente, ¿por qué es inevidente? También podemos dar una respuesta a esta pregunta diciendo: es inevidente porque no me está presente con presencia integral. Ya hemos explicado lo que es esa presencia integral con que está ante mí el objeto evidente y con que no está el objeto inevidente. Así, pues, el objeto inevidente es inevidente porque, en parte, al menos, está lejos de mí, no está en mí, se halla «ausente». La inevidencia del objeto procede de su «ausencia». Pero son varios los modos como un objeto puede estar ausente: 1) porque esté en otro lugar del espacio; 2) porque esté en otro momento del tiempo; 3) porque exceda de la capacidad de mi entendimiento. Y dentro de este último caso pueden distinguirse dos posibilidades: a) que exceda *accidentalmente* de mi capacidad intelectual; b) que exceda *esencialmente* de mi capacidad intelectual. Pongamos ejemplos que hagan intuitiva la clasificación. Las noticias que recibo y leo de las particularidades geográficas, etc., de una isla del Pacífico —que nunca yo visité— son creídas por mí; verifico sobre ellas un acto de fe; el objeto es inevidente, porque está ausente, y está ausente porque se halla en otro lugar del espacio. Las noticias que obtengo y leo, en unas «Memorias» históricas, de acontecimientos pretéritos, son también objeto de fe, objeto inevidente porque está ausente, está en otro momento del tiempo. Las noticias que leo de la íntima composición del átomo, cuyos elementos son electrones, protones, etc., constituyen para mí un objeto de fe, porque la estructura del átomo es un objeto que está ausente de mi campo mental y está ausente porque excede de la capacidad de mi entendimiento; pero si excede de mi capacidad intelectual es porque yo no he hecho los largos y penosos estudios previos que me hubieran dado la formación intelectual conveniente para dilatar mi capacidad hasta contener en presencia integral ese objeto, la estructura del átomo; si hubiera hecho unos largos y penosos estudios, dicho objeto no excedería de mi capacidad intelectual; luego excede de ella no esencialmente, sino accidentalmente. Por último, en cambio, la noticia que tengo recibida de que Dios es uno en esencia y trino en personas es para mí un objeto de fe, porque la esencia de la Santísima Trinidad no me está presente con presencia integral; me está ausente, y excede de mi capacidad intelectual no por accidental falta de preparación en mi persona, sino por *esencial* imposibilidad de que hombre alguno en esta vida tenga «presente» la Santísima Trinidad.

Podemos, pues, clasificar también los actos de fe según las modalidades de esa «ausencia» que caracteriza a los objetos inevidentes. Consideremos, empero, los dos principios de clasificación que hemos hallado para los actos de fe. Según el primero, los actos de fe se clasifican por la autoridad, absoluta o relativa, del declarante. Según el segundo, los actos de fe se clasifican por la «ausencia» del objeto. Esta ausencia se nos ha manifestado de cuatro modos: ausencia en el espacio, cuando el objeto no está en el lugar en donde yo estoy, ausencia en el tiempo, cuando el objeto no está en el momento en que yo estoy, ausencia mental accidental, cuando el objeto no está accidentalmente en el área de mi capacidad intelectual, y ausencia mental esencial, cuando el objeto, por su esencia misma, no puede estar en el área de mi capacidad intelectual.

Mas los tres primeros modos de ausencia mantienen entre sí una relación de gran afinidad. Los tres son, en principio, remediables o, dicho de otro modo, no son absolutos, no representan una ausencia absoluta. Si yo no he visitado nunca la isla del Pacífico de que me habla mi amigo, puedo, sin embargo, ir a visitarla; no hay ninguna imposibilidad absoluta de que la visite. Si yo no «entiendo» ahora la teoría físico-matemática de las estructuras atómicas, puedo, sin embargo, llegar a entenderla; no hay una imposibilidad absoluta de que la entienda algún día. Si yo no presencio ahora los acontecimientos históricos pasados es claro que, siendo el tiempo como es, irreversible, no puedo esperar que llegue el día en que pueda retornar yo al pasado histórico; pero la imposibilidad de retornar yo al pasado no significa en el objeto histórico una «ausencia absoluta»; porque otros hombres hubo que estuvieron presentes, otros hombres como yo percibieron el hecho como «evidente». La actual «ausencia» de ese objeto histórico pasado es, pues, aunque irremediable, relativa, no absoluta. En suma: en esos tres modos de ausencia, el carácter actualmente inevidente del objeto lo es solo «para mí». Pero puede compensarse por otras mentes, tan humanas como la mía, en donde el objeto es o ha sido evidente. En definitiva, los tres actos de fe sobre objetos relativamente ausentes son rectificables, comprobables, siempre por otros tantos actos de juicio racional, que otros tantos hombres verifican ahora o pueden verificar cuando quieran o han verificado en el pasado.

En cambio, el objeto que está ausente con ausencia «esencial» no puede llegar a estar presente en ningún momento en el intelecto humano ni ha estado presente en ninguno nunca. Por eso podemos también reducir a dos los cuatro grupos en que, según el principio del objeto, hemos clasificado los actos de fe. Y tendremos en el primer grupo los actos de fe cuyo objeto está «relativamente» ausente, y con el segundo grupo, los actos de fe cuyo objeto está «absolutamente» ausente. Pero entonces vemos con perfecta claridad que las dos clasificaciones que hemos estructurado, según los dos principios de clasificación, son perfectamente coincidentes. Los actos de fe hechos sobre declaraciones de autoridad relativa se identifican con los actos de fe en objetos «relativamente» ausentes. En cambio, los actos de fe hechos sobre declaraciones de autoridad absoluta se identifican con los actos de fe en objetos «absolutamente» ausentes. La autoridad relativa declarante —humana— se refiere siempre a objetos ausentes con ausencia relativa. La autoridad absoluta del declarante —Dios— se refiere a objetos ausentes con ausencia absoluta. Por eso coinciden tan perfectamente las dos clasificaciones.

Ahora bien, si recordamos lo que, esencialmente, es el acto de fe, llegaremos en seguida a la conclusión de que solo los actos de fe religiosa son actos plenos y auténticos de fe. Los otros, los actos de fe humana, los que recaen sobre objetos relativamente ausentes, no son en puridad y por manera rigurosa verdaderos actos de fe. Precisamente porque son solo «relativamente» actos de fe, porque son actos de fe que *pueden* convertirse en juicios evidentes de razón. Todo acto de fe humana, en objetos relativamente ausentes, es en potencia un juicio evidente de razón. Todo acto de fe humana es susceptible de comprobación o demostración, que lo convierte en seguida en juicio evidente de razón. Esta comprobación o demostración podría ser todo lo difícil o complicada que se quiera y accesible a esos pocos para que, en principio, sea accesible a todos. En cambio, ¿qué hombre podría jamás, en esta vida terrestre, tener la evidencia, o sea, la presencia integral de la Santísima Trinidad? Solamente los actos de fe religiosa, es decir, los que se refieren a objetos absolutamente ausentes y se fundan en autoridad absoluta —de Dios— son actos de fe perfectos. Los otros, los que a diario verificamos a montones para vivir y viviendo, son todos ellos actos de fe imperfectos, es decir, siempre susceptibles, en principio, de convertirse en juicios evidentes de razón.

Ahora ya podemos contestar a la pregunta que hace unos instantes hacíamos: ¿por qué la filosofía llamada moderna ataca tan denodadamente el acto de fe? La respuesta es ahora obvia: porque el acto de fe perfecto, el acto de fe auténtico, el único acto de fe que verdaderamente merece este nombre es el acto de fe religiosa. Los demás actos de fe son actos de fe, por decirlo así, provisionales; funcionan en sustitución de un acto de juicio evidente que yo mismo no puedo verificar por razón de circunstancias contingentes, pero que otros hombres como yo han verificado o verifican. Todo acto de fe imperfecto tiene detrás de sí un acto de juicio evidente, verificado por otro, pero que yo podría en rigor verificar también. Todo acto de fe imperfecta es como el papel moneda, que por sí mismo no vale, que vale, sin embargo, como sustituto del oro o del trabajo que le avala. El acto religioso de fe es, en cambio, auténtico, definitivo acto de fe. No hay medio humano de cambiarlo por un acto de juicio evidente. Ahora bien, la filosofía llamada moderna admite muy bien los actos de fe impropia o imperfecta, y los admite porque sabe que siempre puede canjearlos por actos de juicio racional evidente. No admite, empero, los actos de fe propia perfecta, porque no hay detrás de ellos juicios evidentes que los avalen. El racionalismo no quiere actos de fe perfecta. Mas el acto de fe perfecta es el único que en rigor merece el nombre de acto de fe. Podemos, pues, decir que el racionalismo, en rigor, rechaza el acto de fe. Para la filosofía llamada moderna, el acto de creer, la fe, es impropio e indigno del hombre. Reconoce que muchos hombres, muchísimos hombres —todos los hombres religiosos, que son legión—, lo verifican. Pero proclama la invalidez de tales actos de fe propia. Afirma que no debieran verificarse y que si se verifican es por atavismo, tradición de ignorancia, incultura, ineducación del intelecto. Por eso propugna por doquier la difusión del saber, la ilustración popular, el libre examen, la crítica racional, etc., etc.

Pero penetremos un poco más hondamente en los fundamentos de esta actitud negativa. A primera vista no se explica con plena satisfacción. ¿Por qué la filosofía llamada moderna se opone de esa suerte al acto de fe y lo tiene por impropio e indigno del hombre? ¿Por qué no admite, junto al juicio evidente de razón y al acto de fe impropia —fundado, en definitiva, sobre un juicio evidente de razón—, los actos de fe propia para los objetos absolutamente ausentes? Para contestar a estas preguntas, sin retóricas ni recriminaciones, debemos considerar ahora las condiciones objetivas peculiares del acto de fe. Y encontramos que no puede haber acto de fe sin tres requisitos objetivos indispensables. El primero: que exista una persona declarante. El segundo: que exista una declaración. El tercero: que esa declaración declare algo, dé a conocer un objeto absolutamente ausente del área intelectual humana. Dicho en otros términos: para que haya acto de fe es necesario por la parte ontológica: 1) que haya Dios; 2) que Dios se revele al hombre, o sea, comunique al hombre una revelación o declaración; y 3) que esa revelación revele, en efecto, al hombre algo que por sus medios naturales de conocimiento el hombre no podría llegar a conocer. Brevemente: la existencia de Dios, la revelación y el dogma son las tres condiciones ontológicas indispensables del acto de fe. Basta con que una de estas tres condiciones sea negada para que ya no pueda haber acto de fe perfecto. Si Dios no existe, no hay revelación ni dogma y no puede haber acto de fe. Si Dios existe, pero no revela nada al hombre, no hay declaración, no hay revelación y no puede haber acto de fe. Si Dios existe y revela algo al hombre, pero ese algo revelado no es dogma, sino opinión personal sujeta a la interpretación libre de cada individuo humano, entonces tampoco puede haber acto de fe. El ateísmo, que elimina a Dios del horizonte humano, imposibilita toda autoridad personal absoluta y corta de raíz el acto de fe. El deísmo, que niega que Dios se revele a los hombres, priva al acto de fe de todo objeto posible. Por último, el protestantismo, que concede a cada hombre el derecho de oír por sí mismo la palabra de Dios y extraer de ella por sí mismo la enseñanza que quiera y pueda, anula también el acto de fe. Porque conceder que la revelación de Dios esté sujeta a la interpretación de cada hombre es proclamar el carácter *subjetivo* del contenido revelado (dogma). Pero un dogma subjetivo no es dogma. Una verdad subjetiva es una verdad no verdadera, es una contradicción. La verdad no puede ser subjetiva sin dejar de ser verdad. Si cada hombre puede extraer de la palabra divina lo que le plazca, entonces ¿sobre qué recae el acto de fe? No sobre la palabra de Dios, sino sobre esa interpretación personal de la palabra de Dios. Mas si el acto de fe recae sobre la interpretación personal de la palabra de Dios, ya no es acto de fe perfecta, porque su objeto ya no está absolutamente ausente, sino que ha sido elaborado por la inteligencia personal y en cierto modo incorporado con presencia integral al área de la razón. El subjetivismo del protestante sustituye el sentimiento religioso personal al acto de fe objetivo; convierte la religión en diletantismo y la sólida fe en vago suspiro del alma.

Pero la dificultad más grave plantéanla los que niegan la existencia de Dios o la revelación de Dios. En realidad, pueden ambas juntarse en un mismo grupo. El ateísmo y el deísmo niegan ambos que «haya» revelación. El primero, porque niega que «haya» quien revele; el segundo, porque niega que Dios quiera revelar y aun pueda revelar. Pero si examinamos la razón de por qué el ateísmo niega la existencia de Dios y el deísmo la existencia de la revelación, descubrimos en seguida que las razones de ambas negaciones son en el fondo idénticas, son una y la misma razón, esta: que el entendimiento humano *no puede* demostrar que haya Dios ni que haya revelación. La *imposibilidad* de demostrar que haya Dios y la revelación es, pues, el común motivo que lleva a ateos, panteístas y deístas a eliminar radicalmente de la vida humana el acto de fe.

SU ABOLENGO IDEALISTA

No es nuestro objeto en esta lección discutir esas posiciones filosóficas. Están hace mucho tiempo estudiadas, juzgadas y condenadas. Nuestro propósito es descubrir la hipótesis, absolutamente gratuita e infundada, en que se basan. Y ahora ya podemos vislumbrar esta hipótesis. Los elementos ontológicos —objetivos— de la fe, que nuestro análisis ha puesto de manifiesto, son Dios, la revelación y el dogma. Mas también nuestro análisis, en la parte subjetiva, en lo que el acto de fe tiene de puro acto, nos ha hecho saber que esos objetos de la fe están «absolutamente ausentes» del área mental del hombre, y precisamente por eso son objetos de la fe. La razón humana puede llegar hasta conocer que Dios existe, pero no puede pasar a conocer por sí sola *lo que* Dios es en la intimidad de su esencia. La íntima esencia de Dios, de la revelación y del dogma son, pues, objeto de fe perfecta, o sea, objetos «absolutamente ausentes» del área mental humana. Ahora bien, la hipótesis en que, más o menos explícitamente, se basan el ateísmo, el panteísmo, el deísmo, etc., es: que lo que está absolutamente ausente del área mental humana no existe. En el fondo de todas estas doctrinas filosóficas palpita esta suposición primera: que no existe más que lo que está presente en el pensamiento. Solo partiendo de esta suposición sería, en efecto, plausible el razonamiento del ateísmo y del deísmo, los cuales pretenden demostrar la no existencia de Dios y de la revelación, derivándola de su «ausencia absoluta» del área mental humana. Puesto que el hombre —dicen— no puede concebir clara y distintamente lo que es Dios y la revelación, no existen ni Dios ni la revelación. Lo cual implica el tácito, pero muy operante, postulado de que lo que no puede concebirse clara y distintamente en el intelecto no es, no existe.

Este postulado no es otra cosa que el principio del llamado «idealismo» filosófico. Ninguna posición, empero, es más gratuita e infundada que esta. Identificar la realidad total con la realidad pensada constituye una actitud que nada avala y que muchas consideraciones menoscaban y destruyen. Yo me conozco a mí mismo como pensante. Pero ni soy yo solamente un ser pensante ni hay en mí nada que me autorice a identificar todo el ser con el pensamiento. Esto es, sin embargo, lo que hace Descartes, y detrás de él todo el idealismo, que, en una u otra forma, ha sido la parte más importante e influyente de la filosofía llamada moderna. Para esta filosofía, pues, ser real es ser objeto del pensamiento, y lo que no es ni puede ser objeto del pensamiento, no tiene realidad. Mas, puesto que el objeto del acto de fe propia y perfecta es un objeto «absolutamente ausente», que no puede, por esencia, ser objeto del pensamiento humano, no tiene ninguna realidad; el acto de fe perfecta es, pues, inválido por falta de objeto real. Su objeto es meramente ilusorio, ficticio e inventado.

Este postulado del idealismo filosófico nos da la clave de por qué la filosofía llamada moderna admite los actos de fe impropia e imperfecta y rechaza, en cambio, los actos de fe propia y perfecta. Los primeros, en efecto, no son auténticos actos de fe; detrás de ellos, avalándolos, hay actos de juicio evidente; tienen, pues, objetos relativamente presentes al área del intelecto, objetos reales, que la razón piensa. Los actos de fe perfecta, en cambio, tienen objetos que se hallan absoluta y esencialmente fuera del ámbito del pensar claro y distinto, o sea, objetos que, según el postulado idealista, no existen, no son.

Pero aunque la identificación de todo el ser con el pensamiento ha podido informar, durante algún tiempo, los esfuerzos de la filosofía llamada moderna, no es en sí misma una posición sólida y permanente. El ser —la realidad— se refiere evidentemente a nosotros con amplitudes tales que rebasan con mucho las fronteras del pensamiento claro y distinto. El idealismo filosófico es ya hoy en el mundo un postulado caduco y superado. La ontología o teoría del ser no se agota, ni mucho menos, en pura lógica o teoría del conocimiento. Ni el ser puede ceñirse a un solo modo de ser, al modo inteligible de ser. Lejos de eso, el ser designa una vasta oscuridad de modos, que son irreductibles los unos a los otros, y cuya descripción corre a cargo de la ontología. Para limitarnos a un ejemplo —que toca de soslayo en nuestro tema— podemos distinguir fácilmente entre el ser ideal, el ser físico, el ser viviente, el ser histórico y el ser sobrenatural. Y cada uno de estos modos de ser mantiene con el pensamiento una relación completamente diferente. El ser ideal, que es el propio de los objetos matemáticos, de las relaciones y de las esencias, se ofrece al pensamiento total e íntegramente; es el ser que se halla absolutamente presente y resulta por ello cognoscible con plenitud de evidencia racional. El ser físico ofrece ya a la contemplación racional un residuo refractario a la plena evidencia; hay en el ser físico, en la materia, un fondo último de contingencia que *puede* reducirse poco a poco a pensamiento claro, pero que nunca del todo desaparece. El ser viviente entra, como el físico, en el ámbito del pensamiento evidente, pero también deja un residuo que trasciende de la evidencia racional y alude ya a designios de la Providencia inescrutable. El ser histórico se deja en parte conocer, en la parte que tiene de hecho físico, material. Pero su interpretación científica plantea ya problemas que aprueban por encima y más allá de las facultades intelectivas del hombre. Por último, esta gradación de realidades que, desde la ideal, pasando por la física, la viviente y la histórica, van cada vez más excediendo y rebasando el área de la inteligencia humana, culmina en la realidad sobrenatural, la cual ya está toda ella fuera totalmente de la capacidad mental del hombre. Pero que esté fuera del pensamiento evidente no quiere decir que no sea, que no exista. Quiere decir tan solo que no puede ser conocida «naturalmente» por el hombre, quiere decir que no es accesible a los órganos con que racionalmente el hombre conoce las otras realidades. Mas Dios ha querido darle a conocer al hombre por otros medios la revelación. Ha sido este un don gratuito de Dios al hombre. Y merced a este don, el hombre dispone de un conocimiento de lo que, naturalmente, no podría conocer, y tiene para conocerlo un medio, que es propiamente el acto de fe. Rigurosamente hablando, puede, pues, decirse que el acto de fe es el método adecuado al conocimiento de la realidad sobrenatural, como la intuición intelectual es el método adecuado al conocimiento de la realidad ideal; la experimentación, el adecuado al conocimiento de la realidad física; la teleología, el adecuado a la realidad viviente, y la biografía, el adecuado a la realidad histórica. Así, el acto de fe puede integrarse, como pieza de propia función y sentido, en la nueva lógica del conocimiento, que el pensamiento actual ha de construir necesariamente sobre la nueva ontología realista, que sustituye al postulado, ya caduco, del idealismo filosófico.

ESTE LIBRO, PUBLICADO POR
EDICIONES RIALP, S. A.,
MANUEL URIBE, 13-15, 28033 MADRID,
SE TERMINÓ DE IMPRIMIR EN
SAFEKAT (MADRID),
EL DÍA 24 DE JUNIO DE 2025.